AF238319

ACCESO GRATIS *a la Lectura en la Nube*

Para visualizar el libro electrónico en la nube de lectura envíe junto a su nombre y apellidos una fotografía del código de barras situado en la contraportada del libro y otra del ticket de compra a la dirección:

ebooktirant@tirant.com

En un máximo de 72 horas laborables le enviaremos el código de acceso con sus instrucciones.

Tomo LXII

ESQUEMAS DE PROTECCIÓN DE DATOS II

Tomo LXII

ESQUEMAS DE PROTECCIÓN DE DATOS II

**Directiva (UE) 2016/680, del Parlamento Europeo
y del Consejo de 27 de abril de 2016
Ley Orgánica 7/2021, de 26 de mayo, de protección de datos personales
tratados para fines de prevención, detección, investigación y enjuiciamiento
de infracciones penales y de ejecución de sanciones penales**

JOSÉ MIGUEL HERNÁNDEZ LÓPEZ
Máster Universitario en Derechos Fundamentales
Experto Universitario en Protección de Datos

tirant lo blanch
Valencia, 2022

© JOSÉ MIGUEL HERNÁNDEZ LÓPEZ

© TIRANT LO BLANCH
EDITA: TIRANT LO BLANCH
C/ Artes Gráficas, 14 - 46010 - Valencia
TELFS.: 96/361 00 48 - 50
FAX: 96/369 241 51
Email:tlb@tirant.com
www.tirant.com
Librería Virtual: www.tirant.es
DEPÓSITO LEGAL: V-656-2022
ISBN 978-84-1130-139-8

Si tiene alguna queja o sugerencia, envíenos un mail a: *atencioncliente@tirant.com*. En caso de no ser atendida su sugerencia, por favor, lea en *www.tirant.net/index.php/empresa/politicas-de-empresa* nuestro Procedimiento de quejas.

Responsabilidad Social Corporativa: http://www.tirant.net/Docs/RSCTirant.pdf

Índice

Capítulo I
NATURALEZA JURÍDICA Y CRONOLOGÍA

Capítulo II
CUESTIONES INTRODUCTORIAS

Capítulo III
PRINCIPIOS Y LICITUD DEL TRATAMIENTO

Capítulo IV
DERECHOS

Capítulo V
TRATAMIENTOS

Capítulo VI
RESPONSABLE Y ENCARGADO

Capítulo VII
SEGURIDAD

Capítulo VIII
DELEGADO DE PROTECCIÓN DE DATOS

Capítulo IX
TRANSFERENCIAS INTERNACIONALES DE DATOS

Capítulo X
AUTORIDADES DE PROTECCIÓN DE DATOS INDEPENDIENTES

Capítulo XI
COOPERACIÓN

Capítulo XII
RECURSOS, RESPONSABILIDAD Y RECLAMACIONES

Capítulo XIII
RÉGIMEN SANCIONADOR

Capítulo XIV
ACTOS DE EJECUCIÓN

Capítulo XV
PLAZOS

PRÓLOGO

«(…) todo derecho, tanto el derecho de un pueblo como el de un individuo, depende de que estemos dispuestos a defenderlo.»

(Rudolf von Jhering, *La Lucha por el derecho*, 1872)[1]

En este segundo tomo de la obra *Esquemas de protección de datos*, nos centramos en el tratamiento de datos personales por parte de las autoridades competentes para fines de prevención, investigación, detección o enjuiciamiento de infracciones penales o de ejecución de sanciones penales, a través de los textos normativos básicos en la materia:

- la Directiva (UE) 2016/680 del Parlamento Europeo y del Consejo, de 27 de abril de 2016, relativa a la protección de las personas físicas en lo que respecta al tratamiento de datos personales por parte de las autoridades competentes para fines de prevención, investigación, detección o enjuiciamiento de infracciones penales o de ejecución de sanciones penales, y a la libre circulación de dichos datos y por la que se deroga la Decisión Marco 2008/977/JAI del Consejo (DPDPISP).

- y la Ley Orgánica 7/2021, de 26 de mayo, de protección de datos personales tratados para fines de prevención, detección, investigación y enjuiciamiento de infracciones penales y de ejecución de sanciones penales, que transpone la Directiva (UE) 2016/680 del Parlamento Europeo y del Consejo, de 27 de abril de 2016 (LOPDPISP).

---

[1] Rudolf von Jhering, *La Lucha por el derecho*, Dykinson, Madrid, 2018 [1ª edición 1872], p. 49. En esta obra Jhering nos recuerda que «el derecho es el trabajo sin descanso, y no solamente el trabajo de los poderes públicos, sino también el de todo el pueblo» (*op. cit.* p. 50). En este sentido, hay que resaltar que en la evolución jurídica de la protección de datos son claves tanto el esfuerzo de instituciones y poderes públicos como el ejercicio de este derecho por las personas. De otra manera no hubiera sido posible el reconocimiento de la protección de datos personales como derecho fundamental en nuestro ordenamiento jurídico.

Al igual que el primer volumen, el presente libro pretende servir de texto de consulta y apoyo para todas aquellas personas que deban prepararse para la aplicación de la DPDPISP y de la LOPDPISP. Los elementos esenciales para el correcto entendimiento de la materia de protección de datos personales lo constituyen, sin duda, los textos normativos y la jurisprudencia, cuya lectura directa es insustituible. Ahora bien, los esquemas pueden coadyuvar, sobre todo con una finalidad didáctica, como complemento para la formación en esta materia.

Para facilitar el estudio y consulta de la DPDPISP y de la LOPDPISP, se incluyen 133 esquemas, divididos en quince capítulos. El capítulo I tiene un carácter general, dedicado a la naturaleza jurídica y cronología de las dos normas objeto de estudio. El capítulo II contempla cuestiones introductorias muy relevantes como son, entre otras, el objeto y el ámbito de aplicación. A partir de ahí y en los sucesivos capítulos se tratan diferentes núcleos temáticos: principios y licitud del tratamiento (capítulo III); derechos (capítulo IV); tratamientos (capítulo V); responsables y encargados del tratamiento (capítulo VI); seguridad (capítulo VII); el delegado de protección de datos (capítulo VIII); transferencias internacionales de datos (capítulo IX); autoridades de protección de datos independientes (capítulo X); cooperación (capítulo XI); recursos, responsabilidad y reclamaciones (capítulo XII); régimen sancionador (capítulo XIII); actos de ejecución (capítulo XIV); y, por último, el capítulo XV, dedicado a los plazos.

A través de los quince capítulos se abordan algunos de los principales temas que plantea la protección de las personas físicas en lo que respecta al tratamiento de datos personales por parte de las autoridades competentes para fines de prevención, investigación, detección o enjuiciamiento de infracciones penales o de ejecución de sanciones penales, pero no se agotan ni todos los núcleos temáticos posibles, ni se abordan de forma exhaustiva. Los esquemas suponen solamente una herramienta que puede facilitar la comprensión de una forma sintética de esta materia en constante evolución.

Por otra parte, hemos añadido dos anexos. El anexo I, dedicado a la webgrafía, pretende facilitar las páginas web donde ampliar información y donde encontraremos materiales de interés para la adaptación a la DPDPISP y la LOPDPISP. La bibliografía se recoge en el anexo II, con el fin de que todas las personas que lo requieran puedan profundizar de una forma más reflexiva en la materia.

Reflexión final

> «El medio más seguro, pero también el más difícil, de prevenir los delitos,
> es perfeccionar la educación de los ciudadanos.»
>
> (Cesare Beccaria, *De los delitos y de las penas*, 1764, Italia)[2]

Desde que Aldous Huxley (1931 y 1958)[3] y George Orwell (1949)[4] nos advirtieran de la posibilidad de una «vigilancia constante», han surgido nuevos riesgos para los derechos y libertades de las personas físicas. Para dar respuesta a algunos de los desafíos creados se ha ido configurando gradualmente el derecho fundamental a la protección de datos personales. El primer antecedente normativo de este derecho lo encontramos en la Declaración Universal de los Derechos Humanos, de 10 diciembre de 1948, cuyo artículo 12 establece que nadie será objeto de injerencias arbitrarias en su vida privada. En el mismo sentido se expresa el Pacto Internacional de Derechos Civiles y Políticos, adoptado por la Asamblea General de las Naciones Unidas, el 16 de diciembre de 1966. Por su parte, en el ámbito del Consejo de Europa destaca el Convenio Europeo para la

---

[2]   Tomamos la cita de CESARE BECCARIA de la obra dirigida por HERSCH, JEANNE: *El derecho de ser hombre*, Madrid, Editorial Tecnos/ UNESCO, 1984, página 189. Para solemnizar el vigésimo aniversario de la Declaración Universal de Derechos Humanos, la Conferencia General de la Organización de las Naciones Unidas para la Educación, la Ciencia y la Cultura (UNESCO) formuló el deseo de que se publicara una antología de textos surgidos de las tradiciones y épocas más diversas, y que finalmente se plasmó en el libro *El derecho de ser hombre*.

[3]   «Gracias al progreso tecnológico, el Gran Hermano puede actualmente ser casi tan ubicuo como Dios» (Aldous Huxley, *Nueva visita a un mundo feliz*, 1958).
       Hemos recogido la frase de Aldous Huxley de la edición publicada en Buenos Aires, Editorial Suramericana, 1998 [1ª edición 1958], p. 43. Casi treinta años después de publicar su famosa novela *Un mundo feliz* (1931).

[4]   «(…) en el pasado ningún Estado tenía el poder necesario para someter a todos sus ciudadanos a una vigilancia constante» (George Orwell, *Mil novecientos ochenta y cuatro*, 1949).
       Tomamos la cita de George Orwell de la edición publicada por Ediciones Destino, Colección Destinolibro, volumen 54, Barcelona, 2004 [1ª edición1949], p. 220.

Protección de los Derechos Humanos y las Libertades Fundamentales, adoptado el 4 de noviembre de 1950, en cuyo artículo 8 se reconoce el derecho al respeto de la vida privada y familiar. De 28 de enero de 1981 es el Convenio 108, del Consejo de Europa, para la protección de las personas con respecto al tratamiento automatizado de datos de carácter personal. Precisamente se ha adoptado la fecha del 28 de enero como el «día europeo de la protección de datos», en conmemoración del aniversario del Convenio 108.

En los años setenta nacen las primeras leyes en materia de protección de datos. Así, la primera ley se aprobó en Alemania, la ley del *Lander* de Hesse, de 1970. Del año 1973 es la Ley sueca de datos (*Data Lag*), primera ley de ámbito estatal en materia de protección de datos. Y de 1974 es la *Privacy Act*, de los Estados Unidos de América. En España tendremos que esperar a la Ley Orgánica 5/1992, hoy derogada, de regulación del tratamiento automatizado de los datos de carácter personal, cuya exposición de motivos contiene una explicación brillante sobre la desaparición de las salvaguardas de la privacidad de la persona que han existido hasta la actualidad: el tiempo y el espacio. El tiempo impedía la creación de una historia ininterrumpida de la persona; el espacio evitaba que tuviésemos conocimiento de los hechos que hubieran tenido lugar lejos de donde nos encontráramos. Sin embargo, estos límites prácticamente han desaparecido con las nuevas tecnologías de la comunicación. Efectivamente, el tiempo y el espacio ya no protegen nuestra privacidad: lo que hicimos hace veinte años se conoce hoy y lo que hacemos hoy se sabe al instante en las antípodas.

En 1978 se aprueba la Constitución española, que establece en su artículo 18.4 que «la ley limitará el uso de la informática para garantizar el honor y la intimidad personal y familiar de los ciudadanos y el pleno ejercicio de sus derechos». Será en la sentencia 292/2000 del Tribunal Constitucional español donde se reconozca el derecho a la protección de datos como un derecho fundamental autónomo, derivado del artículo 18.4. También en el año 2000 se aprueba la Carta de Derechos Fundamentales de la Unión Europea, en cuyo artículo 7 se recoge el derecho al respeto de la vida privada y en el artículo 8 el derecho a la protección de los datos de carácter personal.

Por su parte, la Directiva 95/46/CE del Parlamento Europeo y del Consejo, de 24 de octubre de 1995, relativa a la protección de las personas físicas en lo que respecta al tratamiento de datos personales y a la libre circulación de estos datos, ha constituido el texto de referencia en materia de protección de datos personales hasta la aplicación del Reglamento (UE) 2016/679 del Parlamento Europeo y del Consejo, de 27 de abril de 2016, relativo a la protección de las personas físicas en lo que respecta al tratamiento de datos personales y a la libre circulación de estos datos y por el que se deroga la Directiva 95/46/CE (Reglamento general de protección de datos, RGPD). Y de 27 de noviembre de 2008 es la Decisión Marco 2008/977/JAI del Consejo, relativa a la protección de datos personales tratados en el marco de la cooperación policial y judicial en materia penal.

En definitiva, los últimos hitos en esta evolución jurídica lo constituyen precisamente las normas que son objeto de este trabajo de *Esquemas de protección de datos I y II*: el Reglamento general de protección de datos (RGPD) y la Ley Orgánica 3/2018, de 5 de diciembre, de Protección de Datos Personales y garantía de los derechos digitales (LOPDPyGDD), recogidos en el tomo I; y la DPDPISP y la LOPDPISP, que se estudian en el tomo II. En concreto, con estas dos normas que tratamos en el volumen II, DPDPISP y LOPDPISP, los legisladores comunitario y estatal quieren establecer un marco normativo de seguridad jurídica para facilitar la cooperación policial y judicial penal, garantizando el respecto a los derechos fundamentales, y en particular el derecho de protección de los datos personales.

Como vemos, la formación histórica del derecho a la protección de datos personales continúa su evolución. Sin garantizar el derecho a la protección de datos personales el respeto a la privacidad no será posible, pero el reconocimiento de este derecho no será suficiente para protegernos de nuevos riesgos en una sociedad democrática en plena transformación digital. Es imprescindible igualmente un esfuerzo educativo que permita transmitir la necesidad de un uso de la tecnología respetuoso con la dignidad humana y los derechos fundamentales, y por ello abrimos esta reflexión con la cita de Cesare Beccaria, donde nos alerta de forma certera de los vínculos entre la Educación y el Derecho, en concreto para la prevención de los delitos.

San Cristóbal de La Laguna (Canarias), a 17 de enero de 2022

JOSÉ MIGUEL HERNÁNDEZ LÓPEZ

Abreviaturas

AEPD	= Agencia Española de Protección de Datos
Art./s.	= Artículo/s
BOE	= Boletín Oficial del Estado
BOCG	= Boletín Oficial de las Cortes Generales
CE	= Constitución Española de 1978
CEDH	= Convenio Europeo para la Protección de los Derechos Humanos y las Libertades Fundamentales
CGPD	= Consejo General del Poder Judicial
DPD	= Delegado de Protección de Datos
DPDPISP	= Directiva (UE) 2016/680 del Parlamento Europeo y del Consejo, de 27 de abril de 2016, relativa a la protección de las personas físicas en lo que respecta al tratamiento de datos personales por parte de las autoridades competentes para fines de prevención, investigación, detección o enjuiciamiento de infracciones penales o de ejecución de sanciones penales, y a la libre circulación de dichos datos y por la que se deroga la Decisión Marco 2008/977/JAI del Consejo *(Tol 5703211)*
EIPD	= Evaluación de impacto relativa a la protección de datos
ENS	= Esquema Nacional de Seguridad
INCIBE	= Instituto Nacional de Ciberseguridad
LOPDPISP	= Ley Orgánica 7/2021, de 26 de mayo, de protección de datos personales tratados para fines de prevención, detección, investigación y enjuiciamiento de infracciones penales y de ejecución de sanciones penales *(Tol 8439617)*

LOPDPyGDD   = Ley Orgánica 3/2018, de 5 de diciembre, de Protección de Datos Personales y garantía de los derechos digitales *(Tol 6933570)*

RGPD   = Reglamento (UE) 2016/679 del Parlamento Europeo y del Consejo, de 27 de abril de 2016, relativo a la protección de las personas físicas en lo que respecta al tratamiento de datos personales y a la libre circulación de estos datos y por el que se deroga la Directiva 95/46/CE (Reglamento general de protección de datos) *(Tol 5703078)*

SEPD   = Supervisor Europeo de Protección de Datos

STC   = Sentencia del Tribunal Constitucional de España

STEDH   = Sentencia del Tribunal Europeo de Derechos Humanos

STJUE   = Sentencia del Tribunal de Justicia de la Unión Europea

STS   = Sentencia del Tribunal Supremo

TFUE   = Tratado de Funcionamiento de la Unión Europea

TJUE   = Tribunal de Justicia de la Unión Europea

UE   = Unión Europea

Capítulo I
NATURALEZA JURÍDICA Y CRONOLOGÍA

§ 1. Marco normativo de referencia en protección de datos personales

Marco normativo de referencia en protección de datos personales
Reglamento general de protección de datos (RGPD) • Ley Orgánica 3/2018, de 5 de diciembre, de Protección de Datos Personales y garantía de los derechos digitales (LOPDPyGDD)
Directiva (UE) 2016/680 del Parlamento Europeo y del Consejo, de 27 de abril de 2016 (DPDPISP) • Ley Orgánica 7/2021, de 26 de mayo, de protección de datos personales tratados para fines de prevención, detección, investigación y enjuiciamiento de infracciones penales y de ejecución de sanciones penales (LOPDPISP)

§ 2. Naturaleza jurídica del derecho de protección de datos personales

Derecho fundamental			
«La protección de las personas físicas en relación con el tratamiento de los datos de carácter personal es un derecho fundamental» (considerando 1 DPDPISP)	«Toda persona tiene derecho a la protección de los datos de carácter personal que la conciernan» (art. 8.1 de la Carta de los Derechos Fundamentales de la UE)	«Toda persona tiene derecho a la protección de los datos de carácter personal que le conciernan» (art. 16.1 del Tratado de Funcionamiento de la UE, TFUE)	«La transposición de la Directiva (UE) 2016/680 del Parlamento Europeo y del Consejo, de 27 de abril de 2016, exige una ley de carácter orgánico, al afectar la norma comunitaria a un derecho fundamental reconocido en el artículo 18 de la Constitución y por imperativo del artículo 81 de la misma» (Apartado IV del preámbulo de la LOPDPISP)

§ 3.   Cronología de la DPDPISP I

2012	2014	2015
• Propuesta de directiva del Parlamento Europeo y del Consejo relativa a la protección de las personas físicas en lo que respecta al tratamiento de datos personales por parte de las autoridades competentes para fines de prevención, investigación, detección o enjuiciamiento de infracciones penales o de ejecución de sanciones penales, y la libre circulación de dichos datos (25 de enero). • Transmisión al Consejo y al Parlamento Europeo (27 de enero). • Dictamen del SEPD sobre el paquete legislativo de reforma de la protección de datos (7 de marzo). • Dictamen del Comité de las Regiones - Paquete sobre la protección de datos (10 de octubre).	• Dictamen del Parlamento Europeo, 1ª lectura (12 de marzo). • Posición de la Comisión sobre enmiendas del Parlamento Europeo 1ª lectura (10 de junio).	• Dictamen del Supervisor Europeo de Protección de Datos sobre «Hacer frente a los desafíos que se plantean en relación con los macrodatos: llamamiento a la transparencia, el control por parte de los usuarios, la protección de datos desde el diseño y la rendición de cuentas» (19 de noviembre).

§ 4.   Cronología de la DPDPISP II

2016
• Posición razonada del Consejo en 1ª lectura (8 de abril).
• Recepción por el Parlamento Europeo de la posición del Consejo en 1ª lectura (11 de abril).
• Adopción por la Comisión de su comunicación sobre la posición del Consejo en 1ª lectura (11 de abril).
• Dictamen del Parlamento Europeo 2ª lectura (14 de abril).
• Firma por el Presidente del Parlamento Europeo y por el Presidente del Consejo (14 de abril).
• Publicación de la DPDPISP en el Diario Oficial de la Unión Europea L119/89, de 4 de mayo de 2016.

§ 5.   Cronología de la DPDPISP III

2018
• Fecha prevista de transposición de la DPDPISP: 6 de mayo de 2018. «Los Estados miembros adoptarán y publicarán, a más tardar el 6 de mayo de 2018, las disposiciones legales, reglamentarias y administrativas necesarias para dar cumplimiento a lo establecido en la presente Directiva. Comunicarán inmediatamente a la Comisión el texto de dichas disposiciones. Aplicarán dichas disposiciones a partir del 6 de mayo de 2018» (art. 63 DPDPISP) (6 de mayo).
• Corrección de errores de la Directiva (UE) 2016/680 del Parlamento Europeo y del Consejo, de 27 de abril de 2016, relativa a la protección de las personas físicas en lo que respecta al tratamiento de datos personales por parte de las autoridades competentes para fines de prevención, investigación, detección o enjuiciamiento de infracciones penales o de ejecución de sanciones penales, y a la libre circulación de dichos datos y por la que se deroga la Decisión Marco 2008/977/JAI del Consejo (Diario Oficial de la Unión Europea L 127, de 23 de mayo de 2018) (23 de mayo).

§ 6.   Cronología de la LOPDPISP I

2020	Anteproyecto de Ley Orgánica para la protección de los datos personales tratados para fines de prevención, detección, investigación o enjuiciamiento de infracciones penales y de ejecución de sanciones penales, así como de protección y prevención frente a amenazas contra la seguridad pública (10 de marzo 2020).
	Informe de la AEPD al anteproyecto de Ley Orgánica de Protección de datos personales tratados para fines de prevención, detección, investigación o enjuiciamiento de infracciones penales y de ejecución de sanciones penales, así como de protección y prevención frente a amenazas contra la seguridad pública (24 de abril de 2020).
	Informe del Consejo Fiscal al anteproyecto de Ley Orgánica de Protección de datos personales tratados para fines de prevención, detección, investigación o enjuiciamiento de infracciones penales y de ejecución de sanciones penales, así como de protección y prevención frente a amenazas contra la seguridad pública (7 de mayo de 2020).
	Informe del CGPD al anteproyecto de Ley Orgánica de Protección de datos personales tratados para fines de prevención, detección, investigación o enjuiciamiento de infracciones penales y de ejecución de sanciones penales, así como de protección y prevención frente a amenazas contra la seguridad pública (25 de junio de 2020).

§ 7.   Cronología de la LOPDPISP II

2021	Informe del Consejo de Estado al anteproyecto de Ley Orgánica (28 de enero 2021).
	Memoria del análisis de impacto normativo del anteproyecto de Ley Orgánica (febrero de 2021).
	Proyecto de LOPDPISP. BOCG. Congreso de los Diputados, Serie A, núm. 46-1, de 19/02/2021).
	Enmiendas al articulado. BOCG. Congreso de los Diputados n.º A-46-2 (23/03/2021).
	Informe de la Ponencia. BOCG. Congreso de los Diputados n.º A-46-3 (13/04/2021).
	Dictamen de la Comisión. BOCG. Congreso de los Diputados n.º A-46-4 (14/04/2021).
	Texto remitido por el Congreso de los Diputados. BOCG. Senado n.º 176_1769 (Apartado I) (23/04/2021).
	Aprobación por el Pleno. BOCG. Congreso de los Diputados n.º A-46-6 (26/04/2021).
	Enmiendas (Senado). BOCG. Senado n.º 182_1797 (Apartado I) (05/05/2021).
	Índice de enmiendas. BOCG. Senado n.º 182_1812 (Apartado I) (05/05/2021).
	Informe de la Ponencia (Senado). BOCG. Senado n.º 184_1820 (Apartado I) (10/05/2021).
	Dictamen de la Comisión (Senado). BOCG. Senado n.º 184_1821 (Apartado I) (10/05/2021).
	Texto aprobado por el Senado. BOCG. Senado n.º 188_1834 (Apartado I) (17/05/2021).
	Aprobación definitiva. BOCG. Congreso de los Diputados Núm. A-46-8 (31/05/2021).
	Publicación de la LOPDPISP. BOE núm. 126 (26/05/2021).

§ 8.   Naturaleza jurídica de la DPDPISP

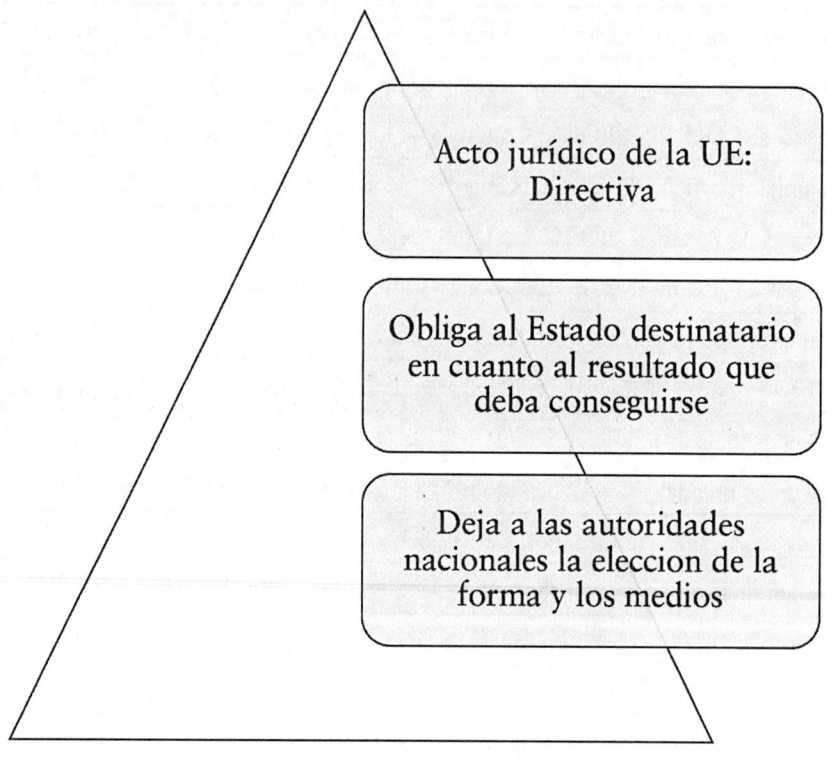

Acto jurídico de la UE: Directiva

Obliga al Estado destinatario en cuanto al resultado que deba conseguirse

Deja a las autoridades nacionales la eleccion de la forma y los medios

Referencia normativa: art. 288 del Tratado de Funcionamiento de La Unión Europea (TFUE).

§ 9.   Naturaleza jurídica de la LOPDPISP

Naturaleza de la LOPDPISP

Tiene el carácter de **ley orgánica**

No obstante, tienen carácter de **ley ordinaria:**

- El capítulo VI.

- El capítulo VII.

- El capítulo VIII.

- Las disposiciones finales segunda, sexta, séptima y octava.

Referencia normativa: Disposición final novena LOPDPISP.

Capítulo II
CUESTIONES INTRODUCTORIAS

§ 10.   Fundamentos y motivación de la DPDPISP

<table>
<tr><td colspan="5" align="center">Fundamentos y motivación de la DPDPISP</td></tr>
<tr>
<td>La tecnología permite el tratamiento de los datos personales en una escala sin precedentes para la realización de actividades como la prevención, la investigación, la detección o el enjuiciamiento de infracciones penales o la ejecución de sanciones penales.</td>
<td>Estos avances exigen el establecimiento de un marco más sólido y coherente para la protección de datos personales en la Unión Europea, que cuente con el respaldo de una ejecución estricta.</td>
<td>Para garantizar la eficacia de la cooperación judicial en materia penal y de la cooperación policial, es esencial asegurar un nivel uniforme y elevado de protección de los datos personales de las personas físicas y facilitar el intercambio de datos personales entre las autoridades competentes de los Estados miembros.</td>
<td>La protección eficaz de los datos personales en toda la Unión requiere el fortalecimiento de los derechos de los interesados y de las obligaciones de quienes tratan dichos datos personales.</td>
<td>Son necesarios poderes equivalentes para supervisar y garantizar el cumplimiento de las normas relativas a la protección de los datos personales en los Estados miembros.</td>
</tr>
</table>

Referencias normativas: considerandos 3; 4 y 7 de la DPDPISP.

§ 11. Título competencial de la LOPDPISP

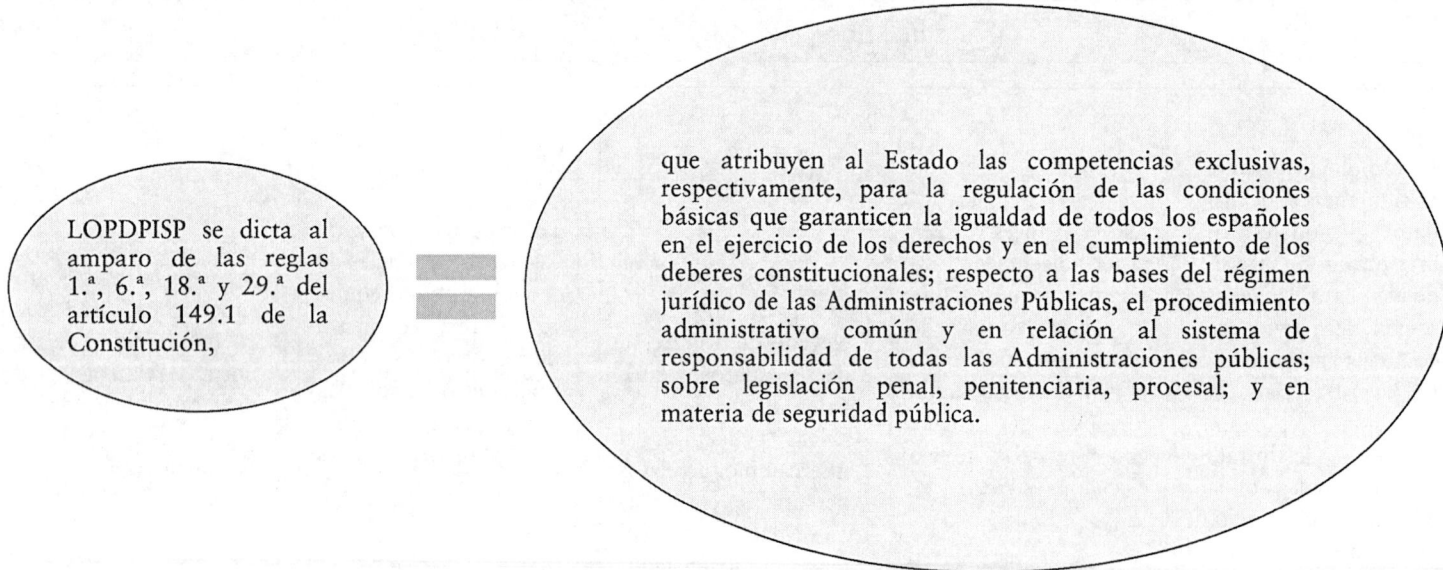

LOPDPISP se dicta al amparo de las reglas 1.ª, 6.ª, 18.ª y 29.ª del artículo 149.1 de la Constitución,

que atribuyen al Estado las competencias exclusivas, respectivamente, para la regulación de las condiciones básicas que garanticen la igualdad de todos los españoles en el ejercicio de los derechos y en el cumplimiento de los deberes constitucionales; respecto a las bases del régimen jurídico de las Administraciones Públicas, el procedimiento administrativo común y en relación al sistema de responsabilidad de todas las Administraciones públicas; sobre legislación penal, penitenciaria, procesal; y en materia de seguridad pública.

Referencia normativa: disposición final décima LOPDPISP.

§ 12.   Estructura de la DPDPISP

Considerandos (1 a 107)
Capítulo I. Disposiciones generales (arts. 1 a 3)
Capítulo II. Principios (arts. 4 a 11)
Capítulo III. Derechos del interesado (arts. 12 a 18)
Capítulo IV. Responsable del tratamiento y encargado del tratamiento (arts. 19 a 34)
Capítulo V. Transferencias de datos personales a terceros países u organizaciones internacionales (arts. 35 a 40)
Capítulo VI. Autoridades de control independientes (arts. 41 a 49)
Capítulo VII. Cooperación (arts. 50 y 51)
Capítulo VIII. Recursos, responsabilidad y sanciones (arts. 52 a 57)
Capítulo IX. Actos de ejecución (art. 58)
Capítulo X. Disposiciónes finales (arts. 59 a 65)

§ 13. Estructura de la LOPDPISP

Preámbulo
Capítulo I. Disposiciones generales (arts. 1 a 5)
Capítulo II. Principios, licitud del tratamiento y videovigilancia (arts. 6 a 19)
Capítulo III. Derechos de las personas (arts. 20 a 26)
Capítulo IV. Responsable y encargado de tratamiento (arts. 27 a 42)
Capítulo V. Transferencias de datos personales a terceros países que no sean miembros de la Unión Europea o a organizaciones internacionales (arts. 43 a 47)
Capítulo VI. Autoridades de protección de datos independientes (arts. 48 a 51)
Capítulo VII. Reclamaciones (arts. 52 a 55)
Capítulo VIII. Régimen sancionador (arts. 56 a 65)
Disposiciones adicionales
Disposición transitoria
Disposición derogatoria
Disposiciones finales

§ 14. Objeto de la DPDPISP

Objeto de la DPDPISP

Establecer las normas relativas a la protección de las personas físicas en lo que respecta al tratamiento de los datos personales por parte de las autoridades competentes, con fines de prevención, investigación, detección o enjuiciamiento de infracciones penales o de ejecución de sanciones penales, incluidas la protección y la prevención frente a las amenazas contra la seguridad pública.	Los Estados miembros deberán: a) proteger los derechos y libertades fundamentales de las personas físicas y, en particular, su derecho a la protección de los datos personales, y b) garantizar que el intercambio de datos personales por parte de las autoridades competentes en el interior de la Unión, en caso de que el Derecho de la Unión o del Estado miembro exijan dicho intercambio, no quede restringido ni prohibido por motivos relacionados con la protección de las personas físicas en lo que respecta al tratamiento de datos personales.	La DPDPISP no impedirá a los Estados miembros ofrecer mayores garantías que las que en ella se establecen para la protección de los derechos y libertades del interesado con respecto al tratamiento de datos personales por parte de las autoridades competentes.

Referencia normativa: art. 1 DPDPISP.

§ 15.   Objeto de la LOPDPISP

Objeto de la LOPDPISP
La LOPDPISP tiene por objeto establecer las normas relativas a la protección de las personas físicas en lo que respecta al tratamiento de los datos de carácter personal por parte de las autoridades competentes, con fines de prevención, detección, investigación y enjuiciamiento de infracciones penales o de ejecución de sanciones penales, incluidas la protección y prevención frente a las amenazas contra la seguridad pública.

Referencia normativa: art. 1 de la LOPDPISP.

§ 16. Ámbito de aplicación DPDPISP

La
DPDPIDP
se aplica

• Se aplica al tratamiento de datos personales por parte de las autoridades competentes a los fines establecidos en el art. 1.1 DPDPISP: con fines de prevención, investigación, detección o enjuiciamiento de infracciones penales o de ejecución de sanciones penales, incluidas la protección y la prevención frente a las amenazas contra la seguridad pública.

• Al tratamiento total o parcialmente automatizado de datos personales, así como al tratamiento no automatizado de datos personales contenidos o destinados a ser incluidos en un fichero.

La DPDPISP
NO se aplica

• Al tratamiento de datos personales:

• a) en el ejercicio de una actividad no comprendida en el ámbito de aplicación del Derecho de la Unión;

• b) por parte de las instituciones, órganos u organismos de la Unión.

Referencia normativa: art. 2 de la DPDPISP.

§ 17. Ámbito de aplicación de la LOPDPISP I

<table>
<tr>
<td>Ámbito de aplicación de la LOPDPISP I</td>
<td>

1. Será de aplicación al tratamiento total o parcialmente automatizado de datos personales, así como al tratamiento no automatizado de datos personales contenidos o destinados a ser incluidos en un fichero, realizado por las autoridades competentes, con fines de prevención, detección, investigación y enjuiciamiento de infracciones penales y de ejecución de sanciones penales, incluidas la protección y prevención frente a las amenazas contra la seguridad pública.

2. El tratamiento de los datos personales llevado a cabo con ocasión de la tramitación por los órganos judiciales y fiscalías de las actuaciones o procesos de los que sean competentes, así como el realizado dentro de la gestión de la Oficina judicial y fiscal, en el ámbito del artículo 1, se regirá por lo dispuesto en la LOPDPISP, sin perjuicio de las disposiciones de la Ley Orgánica 6/1985, de 1 de julio, del Poder Judicial, las leyes procesales que le sean aplicables y, en su caso, por la Ley 50/1981, de 30 de diciembre, por la que se regula el Estatuto Orgánico del Ministerio Fiscal. Las autoridades de protección de datos a las que se refiere el capítulo VI no serán competentes para controlar estas operaciones de tratamiento.

</td>
</tr>
</table>

Referencia normativa: art. 2, apartados 1 y 2 de la LOPDPISP.

§ 18. Ámbito de aplicación de la LOPDPISP II

Ámbito de aplicación de la LOPDPISP II	Quedan fuera del ámbito de aplicación de la LOPDPISP los siguientes tratamientos de datos personales: a) Los realizados por las autoridades competentes para fines distintos de los previstos en el artículo 1, incluidos los fines de archivo por razones de interés público, investigación científica e histórica o estadísticos. Estos tratamientos se someterán plenamente a lo establecido en el Reglamento General de Protección de Datos, así como en la Ley Orgánica 3/2018, de 5 de diciembre, de protección de datos personales y garantía de los derechos digitales. b) Los llevados a cabo por los órganos de la Administración General del Estado en el marco de las actividades comprendidas en el ámbito de aplicación del capítulo II del título V del Tratado de la Unión Europea. c) Los tratamientos que afecten a actividades no comprendidas en el ámbito de aplicación del Derecho de la Unión Europea. d) Los sometidos a la normativa sobre materias clasificadas, entre los que se encuentran los tratamientos relativos a la Defensa Nacional. e) Los tratamientos realizados en las acciones civiles y procedimientos administrativos o de cualquier índole vinculados con los procesos penales que no tengan como objetivo directo ninguno de los fines del artículo 1 de la LOPDPISP. La LOPDPISP no se aplicará a los tratamientos de datos de personas fallecidas, sin perjuicio de lo establecido en el art. 3 de la LOPDPISP.

Referencia normativa: art. 2, apartados 3 y 4 de la LOPDPISP.

§ 19. Datos de las personas fallecidas

Datos de las personas fallecidas	• 1 Las personas vinculadas al fallecido por razones familiares o de hecho, así como sus herederos, podrán dirigirse al responsable o encargado del tratamiento al objeto de solicitar el acceso, rectificación o supresión de los datos de aquel. Estos derechos se regularán de acuerdo con lo dispuesto en la LOPDPISP.
	• 2. En caso de fallecimiento de menores, estas facultades podrán ejercerse también por sus representantes legales o, en el marco de sus competencias, por el Ministerio Fiscal, que podrá actuar de oficio o a instancia de cualquier persona interesada.
	• 3. En caso de fallecimiento de personas con discapacidad, estas facultades también podrán ejercerse, además de por quienes señala el apartado anterior, por quienes hubiesen sido designados para el ejercicio de funciones de apoyo, si tales facultades se entendieran comprendidas en las medidas de apoyo prestadas por el designado.

Referencia normativa: art. 3 de la LOPDPISP.

§ 20. Autoridades competentes

Autoridades competentes

Será autoridad competente, a los efectos de la LOPDPISP, toda autoridad pública que tenga competencias encomendadas legalmente para el tratamiento de datos personales con alguno de los fines previstos en el artículo 1 de la LOPDPISP.

a) Las Fuerzas y Cuerpos de Seguridad.

b) Las Administraciones Penitenciarias.

c) La Dirección Adjunta de Vigilancia Aduanera de la Agencia Estatal de Administración Tributaria.

d) El Servicio Ejecutivo de la Comisión de Prevención del Blanqueo de Capitales e Infracciones Monetarias.

e) La Comisión de Vigilancia de Actividades de Financiación del Terrorismo.

También tendrán consideración de autoridades competentes las Autoridades judiciales del orden jurisdiccional penal y el Ministerio Fiscal.

Referencia normativa: art. 4 de la LOPDPISP.

§ 21.   Definiciones que fijan la DPDPISP y la LOPDPISP

Definiciones que fijan la DPDPISP y la LOPDPISP	1) «datos personales»
	2) «tratamiento»
	3) «limitación del tratamiento»
	4) «elaboración de perfiles»
	5) «seudonimización»
	6) «fichero»
	7) «autoridad competente»
	8) «responsable del tratamiento» o «responsable»
	9) «encargado del tratamiento» o «encargado»
	10) «destinatario»
	11) «violación de la seguridad de los datos personales»
	12) «datos genéticos»
	13) «datos biométricos»
	14) «datos relativos a la salud»
	15) «autoridad de control»
	16) «organización internacional»

Referencias normativas: art. 3 DPDPISP y art. 5 LOPDPISP.

§ 22.   Definiciones: ¿qué son los datos personales?

«datos personales»:

toda información sobre una persona física identificada o identificable («el interesado»); se considerará persona física identificable a toda persona cuya identidad pueda determinarse, directa o indirectamente, en particular mediante un identificador, como por ejemplo un nombre, un número de identificación, unos datos de localización, un identificador en línea o uno o varios elementos propios de la identidad física, fisiológica, genética, psíquica, económica, cultural o social de dicha persona.

«datos genéticos»:

datos personales relativos a las características genéticas heredadas o adquiridas de una persona física que proporcionen una información única sobre la fisiología o la salud de esa persona, obtenidos en particular del análisis de una muestra biológica de la persona física de que se trate.

«datos biométricos»:

datos personales obtenidos a partir de un tratamiento técnico específico, relativos a las características físicas, fisiológicas o de conducta de una persona física que permitan o confirmen la identificación única de dicha persona, como imágenes faciales o datos dactiloscópicos.

«datos relativos a la salud»:

datos personales relativos a la salud física o mental de una persona física, incluida la prestación de servicios de atención sanitaria, que revelen información sobre su estado de salud.

Referencias normativas: art. 3.1), «datos personales»; 3.12), «datos genéticos»; 3.13), «datos biométricos»; y 3.14), «datos relativos a la salud», de la DPDPISP; y art. 5.a), «datos personales»; 5.k), «datos genéticos»; 5.l), «datos biométricos»; y 5.m), «datos relativos a la salud», de la LOPDPISP.

§ 23. Definiciones I

«elaboración de perfiles»:

toda forma de tratamiento automatizado de datos personales consistente en utilizar datos personales para evaluar determinados aspectos personales de una persona física, en particular para analizar o predecir aspectos relativos al rendimiento profesional, situación económica, salud, preferencias personales, intereses, fiabilidad, comportamiento, ubicación o movimientos de dicha persona física.

«seudonimización»:

el tratamiento de datos personales de manera tal que ya no puedan atribuirse a un interesado sin utilizar información adicional, siempre que dicha información adicional se mantenga por separado y esté sujeta a medidas técnicas y organizativas destinadas a garantizar que los datos personales no se atribuyan a una persona física identificada o identificable.

«fichero»:

todo conjunto estructurado de datos personales, accesibles con arreglo a criterios determinados, ya sea centralizado, descentralizado o dispersado de forma funcional o geográfica.

Referencias normativas: art. 3.4), «elaboración de perfiles»; 3.5), «seudonimización»; y 3.6), «fichero», de la DPDPISP; y art. 5.d), «elaboración de perfiles»; 5.e), «seudonimización»; y 5.f), «fichero», de la LOPDPISP.

§ 24. Definiciones II

«destinatario»:

la persona física o jurídica, autoridad pública, servicio o cualquier otro organismo al que se comuniquen datos personales, se trate o no de un tercero. No obstante, no se considerará destinatarios las autoridades públicas que puedan recibir datos personales en el marco de una investigación concreta de conformidad con la legislación española o de la Unión Europea; el tratamiento de tales datos por las citadas autoridades públicas será conforme con las normas en materia de protección de datos aplicables a los fines del tratamiento.

«violación de la seguridad de los datos personales»:

toda violación de la seguridad que ocasione la destrucción, pérdida o alteración accidental o ilícita, o la comunicación o acceso no autorizados a datos personales transmitidos, conservados o tratados de otra forma.

«organización internacional»:

una organización internacional y sus entes subordinados de Derecho internacional público o cualquier otro organismo creado mediante un acuerdo entre dos o más países o en virtud de tal acuerdo.

Referencias normativas: art. 3.10), «destinatario»; 3.11), «violación de la seguridad de los datos personales»; y 3.16), «organización internacional», de la DPDPISP; y art. 5.i), «destinatario»; 5.j), «violación de la seguridad de los datos personales»; y 5.n), «organización internacional», de la LOPDPISP.

§ 25. Definiciones III

«autoridad competente»:

a) toda autoridad pública competente para la prevención, investigación, detección o enjuiciamiento de infracciones penales o la ejecución de sanciones penales, incluidas la protección y prevención frente a amenazas para la seguridad pública, o

«autoridad competente»:

b) cualquier otro órgano o entidad a quien el Derecho del Estado miembro haya confiado el ejercicio de la autoridad pública y las competencias públicas a efectos de prevención, investigación, detección o enjuiciamiento de infracciones penales o ejecución de sanciones penales, incluidas la protección y prevención frente a amenazas para la seguridad pública.

Referencia normativa: art. 3.7), «autoridad competente», de la DPDPISP.

Capítulo III

PRINCIPIOS Y LICITUD DEL TRATAMIENTO

§ 26. Principios relativos al tratamiento de datos personales I

Principios relativos al tratamiento de datos personales I

Licitud y lealtad	Limitación de la finalidad	Adecuación y pertinencia	Exactitud	Limitación del plazo de conservación	**Seguridad**

Referencias normativas: art. 4 de la DPDPISP y art. 6 de la LOPDPISP.

§ 27. Principios relativos al tratamiento de datos personales II

Licitud y lealtad	Limitación de la finalidad	Adecuación y pertinencia
• Los datos personales serán tratados de manera lícita y leal.	• Los datos personales serán recogidos con fines determinados, explícitos y legítimos, y no serán tratados de forma incompatible con esos fines.	• Los datos personales serán adecuados, pertinentes y no excesivos en relación con los fines para los que son tratados.

Referencias normativas: art 4.a), licitud y lealtad; 4.b), limitación de la finalidad y 4.c), adecuación y pertinencia; de la DPDPISP; y art. 6.a), licitud y lealtad; 6.b), limitación de la finalidad; 6.c), adecuación y pertinencia de la LOPDPISP.

§ 28. Principios relativos al tratamiento de datos personales III

Exactitud	Limitación del plazo de conservación	Seguridad
• Los datos personales serán exactos y, si fuera necesario, actualizados. Se adoptarán todas las medidas razonables para que se supriman o rectifiquen, sin dilación indebida, los datos personales que sean inexactos con respecto a los fines para los que son tratados.	• Los datos personarles serán conservados de forma que permitan identificar al interesado durante un período no superior al necesario para los fines para los que son tratados.	• Los datos personales serán tratados de manera que se garantice una seguridad adecuada, incluida la protección contra el tratamiento no autorizado o ilícito y contra su pérdida, destrucción o daño accidental. Para ello, se utilizarán las medidas técnicas u organizativas adecuadas.

Referencias normativas: art. 4.d) exactitud; 4.e) limitación del plazo de conservación; y 4.f) seguridad, de la DPDPISP; y art. 6.d), exactitud; 6.e), limitación del plazo de conservación; 6.f) seguridad; de la LOPDPISP.

§ 29.   Deber de colaboración

Deber de colaboración

1. Las Administraciones públicas, así como cualquier persona física o jurídica, proporcionarán a las autoridades judiciales, al Ministerio Fiscal o a la Policía Judicial los datos, informes, antecedentes y justificantes que les soliciten y que sean necesarios para la investigación y enjuiciamiento de infracciones penales o para la ejecución de las penas. La petición de la Policía Judicial se deberá ajustar exclusivamente al ejercicio de las funciones que le encomienda el artículo 549.1 de la Ley Orgánica 6/1985, de 1 de julio y deberá efectuarse siempre de forma motivada, concreta y específica, dando cuenta en todo caso a la autoridad judicial y fiscal.

La comunicación de datos, informes, antecedentes y justificantes por la Administración Tributaria, la Administración de la Seguridad Social y la Inspección de Trabajo y Seguridad Social, se efectuará de acuerdo con su legislación respectiva.

2. En los restantes casos, las Administraciones públicas, así como cualquier persona física o jurídica, proporcionarán los datos, informes, antecedentes y justificantes a las autoridades competentes que los soliciten, siempre que estos sean necesarios para el desarrollo específico de sus misiones para la prevención, detección e investigación de infracciones penales y para la prevención y protección frente a un peligro real y grave para la seguridad pública. La petición de la autoridad competente deberá ser concreta y específica y contener la motivación que acredite su relación con los indicados supuestos.

3. No será de aplicación lo dispuesto en los apartados anteriores cuando legalmente sea exigible la autorización judicial para recabar los datos necesarios para el cumplimiento de los fines del artículo 1 de la LOPDPISP.

4. En los supuestos contemplados en los apartados anteriores, el interesado no será informado de la transmisión de sus datos a las autoridades competentes, ni de haber facilitado el acceso a los mismos por dichas autoridades de cualquier otra forma, a fin de garantizar la actividad investigadora.

Con el mismo propósito, los sujetos a los que el ordenamiento jurídico imponga un deber específico de colaboración con las autoridades competentes para el cumplimiento de los fines establecidos en el artículo 1 de la LOPDPISP, no informarán al interesado de la transmisión de sus datos a dichas autoridades, ni de haber facilitado el acceso a los mismos por dichas autoridades de cualquier otra forma, en cumplimiento de sus obligaciones específicas.

Referencia normativa: art. 7 de la LOPDPISP.

§ 30.   Plazos de conservación y revisión

Plazos de conservación y revisión		
El responsable del tratamiento determinará que la conservación de los datos personales tenga lugar sólo durante el tiempo necesario para cumplir con los fines previstos en el artículo 1 de la LOPDPISP.	El responsable del tratamiento deberá revisar la necesidad de conservar, limitar o suprimir el conjunto de los datos personales contenidos en cada una de las actividades de tratamiento bajo su responsabilidad, como máximo cada tres años, atendiendo especialmente en cada revisión a la edad del afectado, el carácter de los datos y a la conclusión de una investigación o procedimiento penal. Si es posible, se hará mediante el tratamiento automatizado apropiado.	Con carácter general, el plazo máximo para la supresión de los datos será de veinte años, salvo que concurran factores como la existencia de investigaciones abiertas o delitos que no hayan prescrito, la no conclusión de la ejecución de la pena, reincidencia, necesidad de protección de las víctimas u otras circunstancias motivadas que hagan necesario el tratamiento de los datos para el cumplimiento de los fines del artículo 1 de la LOPDPISP.

Referencias normativas: art. 5 de la DPDPISP y art. 8 de la LOPDPISP.

§ 31. Distinción entre categorías de interesados

El responsable del tratamiento, en la medida de lo posible, establecerá entre los datos personales de las distintas categorías de interesados, distinciones tales como:

a) Personas respecto de las cuales existan motivos fundados para presumir que hayan cometido, puedan cometer o colaborar en la comisión de una infracción penal.

b) Personas condenadas o sancionadas por una infracción penal.

c) Víctimas o afectados por una infracción penal o que puedan serlo.

d) Terceros involucrados en una infracción penal como son: personas que puedan ser citadas a testificar en investigaciones relacionadas con infracciones o procesos penales ulteriores, personas que puedan facilitar información sobre dichas infracciones, o personas de contacto o asociados de una de las personas mencionadas en las letras a) y b).

Lo anterior no debe impedir la aplicación del derecho a la presunción de inocencia tal como lo garantiza el artículo 24 de la Constitución.

Referencias normativas: art. 6 DPDPISP y art. 9 LOPDPISP

§ 32. Verificación de la calidad de los datos personales

Verificación de la calidad de los datos personales

El responsable del tratamiento, en la medida de lo posible, establecerá una distinción entre los datos personales basados en hechos y los basados en apreciaciones personales	Las autoridades competentes adoptarán todas las medidas razonables para garantizar que los datos personales que sean inexactos, incompletos o no estén actualizados, no se transmitan ni se pongan a disposición de terceros. En toda transmisión de datos se trasladará al mismo tiempo la valoración de su calidad, exactitud y actualización.	En la medida de lo posible, en todas las transmisiones de datos personales se añadirá la información necesaria para que la autoridad competente receptora pueda valorar hasta qué punto son exactos, completos y fiables, y en qué medida están actualizados. Igualmente, la autoridad competente transmisora, en la medida en que sea factible, controlará la calidad de los datos personales antes de transmitirlos o ponerlos a disposición de terceros.	Si se observara que los datos personales transmitidos son incorrectos o que se han transmitido ilegalmente, estas circunstancias se pondrán en conocimiento del destinatario sin dilación indebida. En tal caso, los datos deberán rectificarse o suprimirse, o el tratamiento deberá limitarse de conformidad con lo previsto en el artículo 23 de la LOPDPISP.

Referencia normativa: art. 10 LOPDPISP.

§ 33. Licitud del tratamiento

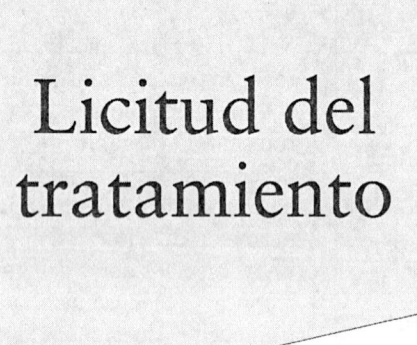

Licitud del tratamiento

1. El tratamiento sólo será lícito en la medida en que sea necesario para los fines señalados en el artículo 1 de la LOPDPISP y se realice por una autoridad competente en ejercicio de sus funciones.

2. Cualquier ley que regule tratamientos de datos personales para los fines incluidos dentro del ámbito de aplicación de la LOPDPISP deberá indicar, al menos, los objetivos del tratamiento, los datos personales que vayan a ser objeto del mismo y las finalidades del tratamiento.

Referencias normativas: art. 8 de la DPDPISP y art. 11 de la LOPDPISP.

§ 34. Mecanismo de decisión individual automatizado

Mecanismo de decisión individual automatizado	• 1. Están prohibidas las decisiones basadas únicamente en un tratamiento automatizado, incluida la elaboración de perfiles, que produzcan efectos jurídicos negativos para el interesado o que le afecten significativamente, salvo que se autorice expresamente por una norma con rango de ley o por el Derecho de la Unión Europea. La norma habilitante del tratamiento deberá establecer las medidas adecuadas para salvaguardar los derechos y libertades del interesado, incluyendo el derecho a obtener la intervención humana en el proceso de revisión de la decisión adoptada. • 2. Las decisiones a las que se refiere el apartado anterior no se basarán en las categorías especiales de datos personales contempladas en el artículo 13 de la LOPDPISP, salvo que se hayan tomado las medidas adecuadas para salvaguardar los derechos y libertades y los intereses legítimos del interesado. • 3. Queda prohibida la elaboración de perfiles que dé lugar a una discriminación de las personas físicas sobre la base de categorías especiales de datos personales establecidas en el artículo 13 de la LOPDPISP.

Referencias normativas: art. 11 de la DPDPISP y art. 14 de la LOPDPISP.

Capítulo IV
DERECHOS

§ 35.   Derechos de las personas

Derechos de las personas				
Acceso	Rectificación	Supresión	Limitación del tratamiento	Información

Referencias normativas: Capítulo III, Derechos del interesado, de la DPDPISP y Capítulo III, Derechos de las personas, de la LOPDPISP.

§ 36.   Condiciones generales de ejercicio de los derechos de los interesados

Condiciones generales de ejercicio de los derechos de los interesados
1. El responsable del tratamiento deberá facilitar al interesado, de forma concisa, inteligible, de fácil acceso y con lenguaje claro y sencillo para todas las personas, incluidas aquellas con discapacidad, toda la información contemplada en el artículo 21 de la LOPDPISP, así como la derivada de los artículos 14, 22 a 26 y 39 de la LOPDPISP. Además, el responsable del tratamiento deberá adoptar las medidas necesarias para garantizar al interesado el ejercicio de sus derechos a los que se refieren los artículos 14 y 22 a 26 de la LOPDPISP.
2. El interesado, con capacidad de obrar, podrá actuar en su propio nombre y representación o por medio de representantes, de acuerdo con lo previsto en la normativa sobre el procedimiento administrativo común de las Administraciones Públicas.
3. La información será facilitada por cualquier medio adecuado, incluidos los medios electrónicos, procurando utilizar el mismo medio empleado en la solicitud.
4. El responsable del tratamiento informará por escrito al interesado, sin dilación indebida, sobre el curso dado a su solicitud. La solicitud se entenderá desestimada si transcurrido un mes desde su presentación no ha sido resuelta expresamente y notificada al interesado.
5. La información a la que se refiere el apartado 1 del art. 20 de la LOPDPISP se facilitará gratuitamente. Cuando las solicitudes de un interesado sean manifiestamente infundadas o excesivas, en particular debido a su carácter repetitivo, el responsable del tratamiento podrá inadmitirlas a trámite, mediante resolución motivada. El responsable del tratamiento deberá demostrar el carácter manifiestamente infundado o excesivo de la solicitud. En todo caso se considerará que la solicitud es repetitiva cuando se realicen tres solicitudes sobre el mismo supuesto durante el plazo de seis meses, salvo que exista causa legítima para ello.
6. Cuando el responsable del tratamiento tenga dudas razonables acerca de la identidad de la persona física que formula la solicitud a la que se refieren los artículos 22 y 23 de la LOPDPISP, le requerirá para que facilite la información complementaria que resulte necesaria para confirmar su identidad en el plazo de diez días. Transcurrido dicho plazo sin que se aporte la información, se le tendrá por desistido de su petición mediante resolución motivada. El plazo al que se refiere el apartado 4 del art. 20 de la LOPDPISP comenzará a computarse desde la fecha en la que se facilite dicha información complementaria.

Referencias normativas: art. 12 de la DPDPISP y art. 20 de la LOPDPISP.

§ 37. Derecho de acceso I

Derecho de acceso I
El interesado tendrá derecho a obtener del responsable del tratamiento confirmación de si se están tratando o no datos personales que le conciernen. En caso de que se confirme el tratamiento, el interesado tendrá derecho a acceder a dichos datos personales, así como a la siguiente información: a) Los fines y la base jurídica del tratamiento. b) Las categorías de datos personales de que se trate. c) Los destinatarios o las categorías de destinatarios a quienes hayan sido comunicados los datos personales, en particular, los destinatarios establecidos en Estados que no sean miembros de la Unión Europea u organizaciones internacionales. d) El plazo de conservación de los datos personales, cuando sea posible, o, en caso contrario, los criterios utilizados para determinar dicho plazo. e) La existencia del derecho a solicitar del responsable del tratamiento la rectificación o supresión de los datos personales relativos al interesado o la limitación de su tratamiento. f) El derecho a presentar una reclamación ante la autoridad de protección de datos competente y los datos de contacto de la misma. g) La comunicación de los datos personales objeto de tratamiento, así como cualquier información disponible sobre su origen, sin revelar la identidad de ninguna persona física, en especial en el caso de fuentes confidenciales.

Referencias normativas: art. 14 DPDPISP y art. 22.1 LOPDPISP.

§ 38. Derecho de acceso II

Derecho de acceso II
• Cuando el responsable trate una gran cantidad de información relativa al interesado y éste ejercite su derecho de acceso sin especificar si se refiere a todos o a una parte de los datos, el responsable podrá requerir al interesado que concrete la solicitud en el plazo de diez días.
• Se entenderá concedido el derecho de acceso si el responsable del tratamiento facilita al interesado un sistema remoto, directo y seguro que garantice, de modo permanente, el acceso a la totalidad de sus datos personales. La notificación informando al interesado del procedimiento puesto en marcha a través de este sistema, permitirá denegar su solicitud de acceso efectuada por otras vías.
• Si el acceso remoto no facilita la totalidad de la información contenida en el apartado 1 del art. 22 de la LOPDPISP, el interesado tendrá derecho a solicitarla.
• Cuando el interesado elija un medio distinto al que se le ofrece que suponga un coste desproporcionado, la solicitud será considerada excesiva, por lo que dicho interesado asumirá el exceso de coste que su elección comporte. En este caso, sólo será exigible al responsable del tratamiento que la satisfacción del derecho de acceso a través del medio propuesto se produzca sin dilaciones indebidas. Si el interesado no asumiera el exceso de coste, se le facilitará el acceso por el medio inicialmente propuesto por el responsable del tratamiento.

Referencias normativas: art. 14 DPDPISP y art. 22.2; 22.3 y 22.4 de la LOPDPISP.

§ 39.   Derecho de rectificación

Derecho de rectificación	El interesado tendrá derecho a obtener del responsable del tratamiento, sin dilación indebida, la rectificación de los datos personales que le conciernen, cuando tales datos resulten inexactos.
	Teniendo en cuenta los fines del tratamiento, el interesado tendrá derecho a que se completen los datos personales cuando estos resulten incompletos.
	El interesado deberá indicar en su solicitud a qué datos se refiere y la corrección que haya de realizarse. Deberá acompañar, cuando sea preciso, la documentación justificativa del carácter incompleto o inexacto de los datos objeto de tratamiento.

Referencias normativas: art. 16.1 DPDPISP y art. 23.1 de la LOPDPISP.

§ 40. Derecho de supresión

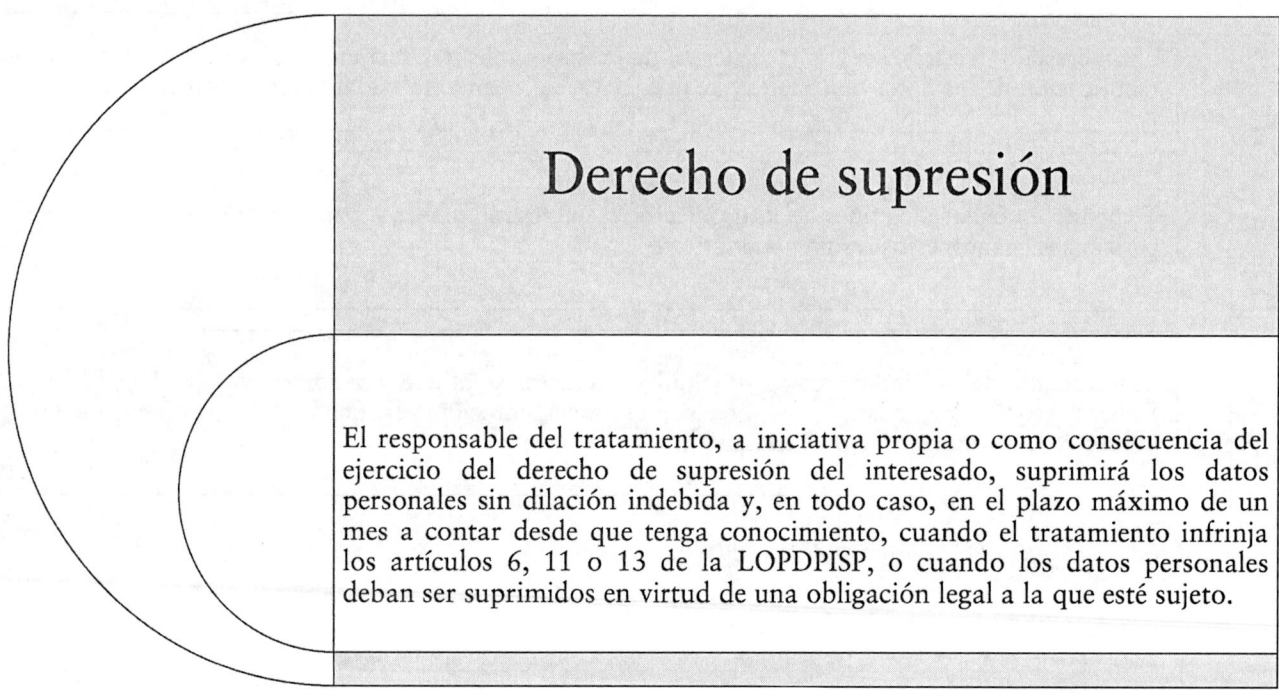

Derecho de supresión

El responsable del tratamiento, a iniciativa propia o como consecuencia del ejercicio del derecho de supresión del interesado, suprimirá los datos personales sin dilación indebida y, en todo caso, en el plazo máximo de un mes a contar desde que tenga conocimiento, cuando el tratamiento infrinja los artículos 6, 11 o 13 de la LOPDPISP, o cuando los datos personales deban ser suprimidos en virtud de una obligación legal a la que esté sujeto.

Referencias normativas: art. 16.2 DPDPISP y art. 23.2 de la LOPDPISP.

§ 41. Derecho a la limitación del tratamiento

Derecho a la limitación del tratamiento

En lugar de proceder a la supresión, el responsable del tratamiento limitará el tratamiento de los datos personales cuando se dé alguna de las siguientes circunstancias:

- a) El interesado ponga en duda la exactitud de los datos personales y no pueda determinarse su exactitud o inexactitud.

- b) Los datos personales hayan de conservarse a efectos probatorios.

- Cuando el tratamiento esté limitado en virtud de la letra a), el responsable del tratamiento informará al interesado antes de levantar la limitación del tratamiento.

Referencias normativas: art. 16.3 DPDPISP y art. 23.3 de la LOPDPISP.

§ 42. Restricciones a los derechos de información, acceso, rectificación, supresión de datos personales y a la limitación de su tratamiento

Restricciones a los derechos de información, acceso, rectificación, supresión de datos personales y a la limitación de su tratamiento	• El responsable del tratamiento podrá aplazar, limitar u omitir la información a la que se refiere el artículo 21.2 de la LOPDPISP, así como denegar, total o parcialmente, las solicitudes de ejercicio de los derechos contemplados en los artículos 22 y 23 de la LOPDPISP, siempre que, teniendo en cuenta los derechos fundamentales y los intereses legítimos de la persona afectada, resulte necesario y proporcional para la consecución de los siguientes fines: a) Impedir que se obstaculicen indagaciones, investigaciones o procedimientos judiciales. b) Evitar que se cause perjuicio a la prevención, detección, investigación y enjuiciamiento de infracciones penales o a la ejecución de sanciones penales. c) Proteger la seguridad pública. d) Proteger la Seguridad Nacional. e) Proteger los derechos y libertades de otras personas. • En caso de restricción de los derechos contemplados en los artículos 22 y 23 de la LOPDPISP, el responsable del tratamiento informará por escrito al interesado sin dilación indebida, y en todo caso, en el plazo de un mes a contar desde que tenga conocimiento, de dicha restricción, de las razones de la misma, así como de las posibilidades de presentar una reclamación ante la autoridad de protección de datos, sin perjuicio de las restantes acciones judiciales que pueda ejercer en virtud de lo dispuesto en la LOPDPISP. • Las razones de la restricción podrán ser omitidas o ser sustituidas por una redacción neutra cuando la revelación de los motivos de la restricción pueda poner en riesgo los fines a los que se refiere el apartado anterior. • El responsable del tratamiento documentará los fundamentos de hecho o de derecho en los que se sustente la decisión denegatoria del ejercicio del derecho de acceso. Dicha información estará a disposición de las autoridades de protección de datos.

Referencia normativa: art. 24 de la LOPDPISP.

§ 43.　Información que debe ponerse a disposición del interesado

Información que debe ponerse a disposición del interesado	1. El responsable del tratamiento de los datos pondrá a disposición del interesado, al menos, la siguiente información: a) La identificación del responsable del tratamiento y sus datos de contacto. b) Los datos de contacto del delegado de protección de datos, en su caso. c) Los fines del tratamiento a los que se destinen los datos personales. d) El derecho a presentar una reclamación ante la autoridad de protección de datos competente y los datos de contacto de la misma. e) El derecho a solicitar del responsable del tratamiento el acceso a los datos personales relativos al interesado y su rectificación, supresión o la limitación de su tratamiento.
	2. Además de la información a la que se refiere el apartado 1 del art. 21 de la LOPDPISP, atendiendo a las circunstancias del caso concreto, el responsable del tratamiento proporcionará al interesado la siguiente información adicional para permitir el ejercicio de sus derechos: a) La base jurídica del tratamiento. b) El plazo durante el cual se conservarán los datos personales o, cuando esto no sea posible, los criterios utilizados para determinar ese plazo. c) Las categorías de destinatarios de los datos personales, cuando corresponda, en particular, los establecidos en Estados que no sean miembros de la Unión Europea u organizaciones internacionales. d) Cualquier otra información necesaria, en especial, cuando los datos personales se hayan recogido sin conocimiento del interesado.

Referencias normativas: art. 13 de la DPDPISP y art. 21 de la LOPDPISP.

§ 44.   Ejercicio de los derechos del interesado a través de la autoridad de protección de datos

Ejercicio de los derechos del interesado a través de la autoridad de protección de datos	
1. En los casos en que se produzca un aplazamiento, limitación u omisión de la información a que se refiere el artículo 21 de la LOPDPISP o una restricción del ejercicio de los derechos contemplados en los artículos 22 y 23 de la LOPDPISP, en los términos previstos en el artículo 24 de la LOPDPISP, el interesado podrá ejercer sus derechos a través de la autoridad de protección de datos competente. El responsable del tratamiento informará al interesado de esta posibilidad.	2. Cuando, en virtud de lo establecido en el apartado 1 del art. de la 25 LOPDPISP, se ejerciten los derechos a través de la autoridad de protección de datos, esta deberá informar al interesado, al menos, de la realización de todas las comprobaciones necesarias o la revisión correspondiente y de su derecho a interponer recurso contencioso-administrativo.

Referencias normativas: art. 17 de la DPDPISP y art. 25 LOPDPISP.

§ 45.   Derechos de los interesados como consecuencia de investigaciones y procesos penales

Derechos de los interesados como consecuencia de investigaciones y procesos penales	1. El ejercicio de los derechos de información, acceso, rectificación, supresión y limitación del tratamiento a los que se hace referencia en los artículos anteriores se llevará a cabo de conformidad con las normas procesales penales cuando los datos personales figuren en una resolución judicial, o en un registro, diligencias o expedientes tramitados en el curso de investigaciones y procesos penales.
	2. Cuando los datos sean objeto de un tratamiento con fines jurisdiccionales del que sea responsable un órgano del orden jurisdiccional penal, o el Ministerio Fiscal, el ejercicio de los derechos de información, acceso, rectificación, supresión y limitación del tratamiento se realizará de conformidad con lo previsto en la Ley Orgánica 6/1985, de 1 de julio, en las normas procesales y en su caso, el Estatuto Orgánico del Ministerio Fiscal.
	3. En defecto de regulación del ejercicio de estos derechos en dichas normas, se aplicará lo dispuesto en la LOPDPISP.

Referencias normativas: art. 18 DPDPISP y art. 26 de la LOPDPISP.

Capítulo V
TRATAMIENTOS

§ 46. Definición de «tratamiento»

«tratamiento»:

• cualquier operación o conjunto de operaciones realizadas sobre datos personales o conjuntos de datos personales, ya sea por procedimientos automatizados o no, como la recogida, registro, organización, estructuración, conservación, adaptación o modificación, extracción, consulta, utilización, comunicación por transmisión, difusión o cualquier otra forma de habilitación de acceso, cotejo o interconexión, limitación, supresión o destrucción.

«limitación del tratamiento»:

• el marcado de los datos personales conservados con el fin de limitar su tratamiento en el futuro.

Referencias normativas: art. 3.2), «tratamiento»; y 3.3), «limitación del tratamiento», de la DPDPISP; y art. 5.b), «tratamiento»; y 5.c), «limitación del tratamiento», de la LOPDPISP.

§ 47. Condiciones específicas de tratamiento

Condiciones específicas de tratamiento

1. Cuando el Derecho de la Unión Europea o la legislación española prevea condiciones específicas aplicables al tratamiento, la autoridad competente transmitente deberá informar al destinatario al que se transmitan los datos, de dichas condiciones y de la obligación de respetarlas.	2. Las condiciones específicas de tratamiento podrán ser, entre otras, la prohibición de transmisión de datos o de su utilización para fines distintos para los que fueron transmitidos o, en caso de limitación del derecho a la información, la prohibición de dar información al interesado sin la autorización previa de la autoridad transmisora.	3. La autoridad competente transmitente no aplicará a los destinatarios de otros Estados miembros de la Unión Europea o de organismos, agencias y órganos establecidos en virtud de los capítulos 4 y 5 del título V de la tercera parte del Tratado de Funcionamiento de la Unión Europea, condiciones distintas de las aplicables a las transmisiones de datos similares dentro de España.

Referencia normativa: art. 9 de la DPDPISP y art. 12 de la LOPDPISP.

§ 48. Tratamiento de categorías especiales de datos personales I

Tratamiento de categorías especiales de datos personales

Categorías especiales de datos personales:

Datos personales que revelen el origen étnico o racial.	Datos personales que revelen las opiniones políticas.	Datos personales que revelen las convicciones religiosas o filosóficas.	Datos personales que revelen la afiliación sindical.	Datos genéticos.	Datos biométricos dirigidos a identificar de manera unívoca a una persona física.	Datos relativos a la salud.	Datos relativos a la vida sexual o la orientación sexual de una persona física.

Referencias normativas: art. 10 de la DPDPISP y art. 13 de la LOPDPISP.

§ 49. Tratamiento de categorías especiales de datos personales II

Tratamiento de categorías especiales de datos personales	Sólo se permitirá cuando sea estrictamente necesario, con sujeción a las garantías adecuadas para los derechos y libertades del interesado y cuando se cumplan alguna de las siguientes circunstancias: a) se encuentre previsto por una norma con rango de ley o por el Derecho de la Unión Europea. b) resulte necesario para proteger los intereses vitales, así como los derechos y libertades fundamentales del interesado o de otra persona física. c) dicho tratamiento se refiera a datos que el interesado haya hecho manifiestamente públicos.

Referencias normativas: art. 10 DPDPISP y art. 13 LOPDPISP.

§ 50.   Sistemas de grabación de imágenes y sonido por las Fuerzas y Cuerpos de Seguridad

Sistemas de grabación de imágenes y sonido por las Fuerzas y Cuerpos de Seguridad

1. La captación, reproducción y tratamiento de datos personales por las Fuerzas y Cuerpos de Seguridad en los términos previstos en la LOPDPISP, así como las actividades preparatorias, no se considerarán intromisiones ilegítimas en el derecho al honor, a la intimidad personal y familiar y a la propia imagen, a los efectos de lo establecido en el artículo 2.2 de la Ley Orgánica 1/1982, de 5 de mayo, de protección civil del derecho al honor, a la intimidad personal y familiar y a la propia imagen.	2. En la instalación de sistemas de grabación de imágenes y sonidos se tendrán en cuenta, conforme al principio de proporcionalidad, los siguientes criterios: asegurar la protección de los edificios e instalaciones propias; asegurar la protección de edificios e instalaciones públicas y de sus accesos que estén bajo custodia; salvaguardar y proteger las instalaciones útiles para la seguridad nacional y prevenir, detectar o investigar la comisión de infracciones penales y la protección y prevención frente a las amenazas contra la seguridad pública.

Referencia normativa: art. 15 de la LOPDPISP.

§ 51.   Instalación de sistemas fijos

Instalación de sistemas fijos	1. En las vías o lugares públicos donde se instalen videocámaras fijas, el responsable del tratamiento deberá realizar una valoración del citado principio de proporcionalidad en su doble versión de idoneidad e intervención mínima. Asimismo, deberá llevar a cabo un análisis de los riesgos o una evaluación de impacto de protección de datos relativo al tratamiento que se pretenda realizar, en función del nivel de perjuicio que se pueda derivar para la ciudadanía y de la finalidad perseguida. Se entenderá por videocámara fija aquella anclada a un soporte fijo o fachada, aunque el sistema de grabación se pueda mover en cualquier dirección.
	2. Esta disposición se aplicará asimismo cuando las Fuerzas y Cuerpos de Seguridad utilicen instalaciones fijas de videocámaras de las que no sean titulares y exista, por su parte, un control y dirección efectiva del proceso completo de tratamiento.
	3. Estas instalaciones fijas de videocámaras no estarán sujetas al control preventivo de las entidades locales previsto en su legislación reguladora básica, ni al ejercicio de las competencias de las diferentes Administraciones públicas, sin perjuicio de que deban respetar los principios de la legislación vigente en cada ámbito material de la actuación administrativa.
	4. Los propietarios y, en su caso, los titulares de derechos reales sobre los bienes afectados por estas instalaciones, o quienes los posean por cualquier título, están obligados a facilitar y permitir su instalación y mantenimiento, sin perjuicio de las indemnizaciones que procedan.
	5. Los ciudadanos serán informados de manera clara y permanente de la existencia de estas videocámaras fijas, sin especificar su emplazamiento, así como de la autoridad responsable del tratamiento ante la que poder ejercer sus derechos.

Referencia normativa: art. 16 de la LOPDPISP.

§ 52. Dispositivos móviles

Dispositivos móviles	1. Podrán utilizarse dispositivos de toma de imágenes y sonido de carácter móvil para el mejor cumplimiento de los fines previstos en la LOPDPISP, conforme a las competencias específicas de las Fuerzas y Cuerpos de Seguridad. La toma de imagen y sonido, que ha de ser conjunta, queda supeditada, en todo caso, a la concurrencia de un peligro o evento concreto. El uso de los dispositivos móviles deberá estar autorizado por la persona titular de la Delegación o Subdelegación del Gobierno, quien atenderá a la naturaleza de los eventuales hechos susceptibles de filmación, adecuando la utilización de dichos dispositivos a los principios de tratamiento y al de proporcionalidad. En el caso de los Cuerpos de Policía propios de las Comunidades Autónomas que tengan y ejerzan competencias asumidas para la protección de las personas y bienes y para el mantenimiento del orden público, serán sus órganos correspondientes los que autorizarán este tipo de actuaciones para sus fuerzas policiales, así como para las dependientes de las Corporaciones locales radicadas en su territorio.
	2. En estos supuestos de dispositivos móviles, las autorizaciones no se podrán conceder en ningún caso con carácter indefinido o permanente, siendo otorgadas por el plazo adecuado a la naturaleza y las circunstancias derivadas del peligro o evento concreto, por un periodo máximo de un mes prorrogable por otro.
	3. En casos de urgencia o necesidad inaplazable será el responsable operativo de las Fuerzas y Cuerpos de Seguridad competentes el que podrá determinar su uso, siendo comunicada tal actuación con la mayor brevedad posible, y siempre en el plazo de 24 horas, al Delegado o Subdelegado del Gobierno o autoridad competente de las comunidades autónomas.

Referencia normativa: art. 17 de la LOPDPISP.

§ 53. Tratamiento y conservación de las imágenes

Tratamiento y conservación de las imágenes

1. Realizada la filmación de acuerdo con los requisitos establecidos en la LOP-DPISP, si la grabación captara la comisión de hechos que pudieran ser constitutivos de infracciones penales, las Fuerzas y Cuerpos de Seguridad pondrán la cinta o soporte original de las imágenes y sonidos en su integridad, a disposición judicial a la mayor brevedad posible y, en todo caso, en el plazo máximo de setenta y dos horas desde su grabación. De no poder redactarse el atestado en tal plazo, se relatarán verbalmente los hechos a la autoridad judicial, o al Ministerio Fiscal, junto con la entrega de la grabación.	2. Si se captaran hechos que pudieran ser constitutivos de infracciones administrativas relacionadas con la seguridad pública, se remitirán al órgano competente, de inmediato, para el inicio del oportuno procedimiento sancionador.	3. Las grabaciones serán destruidas en el plazo máximo de tres meses desde su captación, salvo que estén relacionadas con infracciones penales o administrativas graves o muy graves en materia de seguridad pública, sujetas a una investigación policial en curso o con un procedimiento judicial o administrativo abierto.

Referencia normativa: art. 18 de la LOPDPISP.

§ 54. Régimen disciplinario

Régimen disciplinario	1. Sin perjuicio de las responsabilidades penales en las que pudieran incurrir, las infracciones a lo dispuesto en la LOPDPISP por los miembros de las Fuerzas y Cuerpos de Seguridad, serán sancionadas con arreglo al régimen disciplinario correspondiente a los infractores y, en su defecto, con sujeción al régimen general de sanciones en materia de protección de datos de carácter personal establecido en la LOPDPISP.
	2. Se considerarán faltas muy graves en el régimen disciplinario de las Fuerzas y Cuerpos de Seguridad del Estado, las siguientes infracciones: a) Alterar o manipular los registros de imágenes y sonidos, siempre que no constituya delito. b) Permitir el acceso de personas no autorizadas a las imágenes y sonidos grabados o utilizar estos para fines distintos de los previstos legalmente. c) Reproducir las imágenes y sonidos para fines distintos de los previstos en la LOPDPISP. d) Utilizar los medios técnicos regulados en la LOPDPISP para fines distintos de los previstos en la misma.

Referencia normativa: art. 19 de la LOPDPISP.

§ 55.   Regímenes específicos

Regímenes específicos
• 1. El tratamiento de los datos personales procedentes de las imágenes y sonidos obtenidos mediante la utilización de cámaras y videocámaras por las Fuerzas y Cuerpos de Seguridad, por los órganos competentes para la vigilancia y control en los centros penitenciarios y para el control, regulación, vigilancia y disciplina del tráfico, para los fines previstos en al artículo 1, se regirá por la LOPDPISP, sin perjuicio de los requisitos establecidos en regímenes legales especiales que regulan otros ámbitos concretos como el procesal penal, la regulación del tráfico o la protección de instalaciones propias.
• 2. Fuera de estos supuestos, dichos tratamientos se regirán por su legislación específica y supletoriamente por el Reglamento (UE) 2016/679 y por la Ley Orgánica 3/2018, de 5 de diciembre.

Referencia normativa: Disposición adicional primera de la LOPDPISP.

§ 56. Ficheros y Registro de Población de las Administraciones Públicas

Ficheros y Registro de Población de las Administraciones Públicas	• 1. Las autoridades competentes podrán solicitar al Instituto Nacional de Estadística y a los órganos estadísticos de ámbito autonómico, sin consentimiento del interesado, una copia actualizada del fichero formado con los datos del documento de identidad, nombre, apellidos, domicilio, sexo y fecha de nacimiento que constan en el padrón municipal de habitantes y en el censo electoral correspondiente a los territorios donde ejerzan sus competencias. Esta solicitud deberá estar motivada en base a cualquiera de los fines de prevención, detección, investigación y enjuiciamiento de infracciones penales o de ejecución de sanciones penales, incluidas la protección y la prevención frente a las amenazas contra la seguridad pública. • 2. Los datos obtenidos tendrán como único propósito el cumplimiento de los fines de prevención, detección, investigación y enjuiciamiento de infracciones penales o de ejecución de sanciones penales, así como de protección y de prevención frente a las amenazas contra la seguridad pública y la comunicación de estas autoridades con los interesados residentes en los respectivos territorios, respecto a las relaciones jurídico-administrativas derivadas de las competencias respectivas.

Referencia normativa: Disposición adicional cuarta de la LOPDPISP.

Capítulo VI
RESPONSABLE Y ENCARGADO

§ 57. Responsable del tratamiento

Responsable del tratamiento	• **Definición:** la autoridad competente que sola o conjuntamente con otras, determine los fines y medios del tratamiento de datos personales; en caso de que los fines y medios del tratamiento estén determinados por el Derecho de la Unión Europea o por la legislación española, dichas normas podrán designar al responsable del tratamiento, o bien los criterios para su nombramiento. • **Obligaciones del responsable del tratamiento:** 1. El responsable del tratamiento, tomando en consideración la naturaleza, el ámbito, el contexto y los fines del tratamiento, así como los niveles de riesgo para los derechos y libertades de las personas físicas, aplicará las medidas técnicas y organizativas apropiadas para garantizar que el tratamiento se lleve a cabo de acuerdo con la LOPDPISP y con lo previsto en la legislación sectorial y en sus normas de desarrollo. Tales medidas se revisarán y actualizarán cuando resulte necesario. • 2. Entre las medidas mencionadas en el apartado anterior se incluirá la aplicación de las oportunas políticas de protección de datos, cuando sean proporcionadas en relación con las actividades de tratamiento.

Referencias normativas: art. 3.8), «Responsable del tratamiento» o «responsable», de la DPDPISP; y art. 5.g), «Responsable del tratamiento» o «responsable», de la LOPDPISP. Obligaciones del responsable del tratamiento, art. de la 19 DPDPISP y art. 27 de la LOPDPISP.

§ 58. Corresponsables del tratamiento

Corresponsables del tratamiento	• Cuando dos o más responsables del tratamiento determinen conjuntamente los objetivos y los medios de tratamiento serán considerados corresponsables del tratamiento.
	• Salvo que las responsabilidades hayan sido previstas por el Derecho de la Unión Europea o por la legislación española, los corresponsables del tratamiento establecerán, de modo transparente y de mutuo acuerdo, a través del instrumento oportuno, sus respectivas responsabilidades en el cumplimiento de la LOPDPISP, en particular, en lo referido al ejercicio de los derechos del interesado y a sus respectivas obligaciones en el suministro de la información contemplada en el artículo 21 de la LOPDPISP.
	• El citado acuerdo designará el punto de contacto para los interesados, a menos que venga ya determinado legalmente.
	• La concreción de las responsabilidades se realizará atendiendo a las actividades que efectivamente desarrolle cada uno de los corresponsables del tratamiento.

Referencias normativas: art. 21 de la DPDPISP y 29 de la LOPDPISP.

§ 59. Encargado del tratamiento

Definición
• La persona física o jurídica, autoridad pública, servicio u otro organismo que trate datos personales por cuenta del responsable del tratamiento.

Elección
• Cuando una operación de tratamiento vaya a ser llevada a cabo por cuenta de un responsable del tratamiento, este recurrirá únicamente a encargados que ofrezcan garantías suficientes para aplicar medidas técnicas y organizativas apropiadas, de manera que el tratamiento sea conforme con los requisitos de la LOPDPISP y garantice la protección de los derechos del interesado. El encargado podrá ser una persona física o jurídica, de naturaleza privada o pública.

Otros encargados
• El encargado del tratamiento no recurrirá a otro encargado sin la autorización previa por escrito del responsable del tratamiento. El encargado informará siempre al responsable de cualquier cambio previsto referido a la adición o sustitución de otros encargados, pudiendo el responsable oponerse a dichos cambios.

Referencias normativas: art. 3.9), «Encargado del tratamiento» o «encargado», de la DPDPISP; y art. 5.h), «Encargado del tratamiento» o «encargado», de la LOPDPISP. Encargado del tratamiento, art. 22 de la DPDPISP y art. 30 de la LOPDPISP.

§ 60.   Tratamiento bajo la autoridad del responsable o del encargado del tratamiento

> ### Tratamiento bajo la autoridad del responsable o del encargado del tratamiento
>
> El encargado del tratamiento, así como cualquier persona que actúe bajo la autoridad del responsable o del encargado del tratamiento y tenga acceso a datos personales, sólo podrá someterlos a tratamiento siguiendo instrucciones del responsable del tratamiento, a menos que esté obligado a hacerlo por el Derecho de la Unión Europea o por la legislación española.

Referencias normativas: art. 23 de la DPDPISP y art. 31 de la LOPDPISP.

§ 61.　Registro de las actividades de tratamiento del responsable

Registro de las actividades de tratamiento del responsable	Cada responsable debe conservar un registro de todas las actividades de tratamiento de datos personales efectuadas bajo su responsabilidad. Dicho registro deberá contener la información siguiente:
	a) La identificación del responsable del tratamiento y sus datos de contacto, así como, en su caso, del corresponsable y del delegado de protección de datos.
	b) los fines del tratamiento.
	c) Las categorías de destinatarios a quienes se hayan comunicado o vayan a comunicarse los datos personales, incluidos los destinatarios en Estados que no sean miembros de la Unión Europea u organizaciones internacionales.
	d) La descripción de las categorías de interesados y de las categorías de datos personales.
	e) El recurso a la elaboración de perfiles, en su caso.
	f) Las categorías de transferencias de datos personales a un Estado que no sea miembro de la Unión Europea o a una organización internacional, en su caso.;
	g) La indicación de la base jurídica del tratamiento, así como, en su caso, las transferencias internacionales de las que van a ser objeto los datos personales.
	h) Los plazos previstos para la supresión de las diferentes categorías de datos personales, cuando sea posible.
	i) La descripción general de las medidas técnicas y organizativas de seguridad a las que se refiere el artículo 37.1 de la LOPDPISP, cuando sea posible.

Referencias normativas: art. 24.1 de la DPDPISP y art. 32.1 de la LOPDPISP.

§ 62. Registro de las actividades de tratamiento del encargado

Registro de las actividades de tratamiento del encargado	Cada encargado del tratamiento llevará un registro de todas las actividades de tratamiento de datos personales efectuadas en nombre de un responsable. Este registro contendrá la información siguiente:
	a) El nombre y los datos de contacto del encargado o encargados del tratamiento, de cada responsable del tratamiento en cuyo nombre actúe el encargado y, en su caso, del delegado de protección de datos.
	b) Las categorías de tratamientos efectuados en nombre de cada responsable.
	c) Las transferencias de datos personales a un Estado que no sea miembro de la Unión Europea o a una organización internacional, en su caso, incluida la identificación de dicho Estado o de dicha organización internacional cuando el responsable del tratamiento así lo ordene explícitamente.
	d) La descripción general de las medidas técnicas y organizativas de seguridad a las que se refiere el artículo 37.1 de la LOPDPISP, cuando sea posible.

Referencias normativas: art. 24.2 de la DPDPISP y art. 32.2 de la LOPDPISP.

§ 63. Registro de las actividades de tratamiento

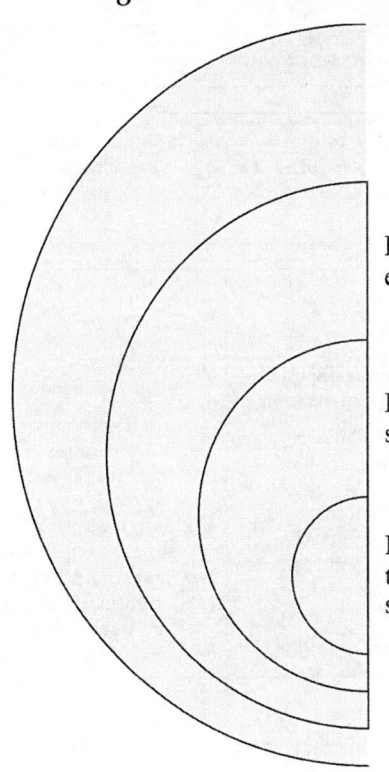

Registro de las actividades de tratamiento

Los registros referidos en el artículo 32 de la LOPDPISP se establecerán y llevarán por escrito, incluida la posibilidad del formato electrónico.

Estos registros estarán a disposición de la autoridad de protección de datos competente, a solicitud de esta, de conformidad con lo dispuesto legalmente.

Los responsables de los tratamientos harán público el registro de sus actividades de tratamiento, accesible por medios electrónicos, en el que constará la información a la que se refiere el apartado 1 del art. 32 de la LOPDPISP.

Referencias normativas: art. 24.3 de la DPDPISP y art. 32.3 y 32.4 de la LOPDPISP.

§ 64.   Vínculo jurídico entre el encargado del tratamiento y el responsable

Vínculo jurídico entre el encargado del tratamiento y el responsable

El tratamiento por medio de un encargado se regirá por un contrato, convenio u otro instrumento jurídico que corresponda, por escrito, incluyendo la posibilidad del formato electrónico, concluido con arreglo al Derecho de la Unión Europea o a la legislación española. Dicho instrumento jurídico vinculará al encargado con el responsable y fijará el objeto y la duración del tratamiento, su naturaleza y finalidad, el tipo de datos personales y categorías de interesados, así como las obligaciones y derechos del responsable. El instrumento jurídico estipulará, en particular, que el encargado del tratamiento deberá:

Instrucciones

a) Actuar únicamente siguiendo las instrucciones del responsable del tratamiento

Confidencialidad

b) Garantizar, a través del instrumento o sistema oportuno, que las personas autorizadas para tratar datos personales se hayan comprometido a respetar la confidencialidad o estén sujetas a una obligación profesional de secreto o confidencialidad.

Derechos de los interesados

c) Asistir al responsable del tratamiento por cualquier medio adecuado para garantizar el cumplimiento de las disposiciones sobre los derechos del interesado.

Supresión o devolución

d) Suprimir o devolver, a elección del responsable del tratamiento, todos los datos personales al responsable del tratamiento, una vez finalice la prestación de los servicios de tratamiento, así como suprimir las copias existentes, a menos que el Derecho de la Unión Europea o la legislación española requieran la conservación de los datos personales.;

Puesta de disposición de la información

e) Poner a disposición del responsable del tratamiento toda la información necesaria para demostrar el cumplimiento de estas obligaciones.

Otro encargado

f) Respetar las condiciones indicadas en este apartado y en el apartado 2 del art. 30 de la LOPDPISP para contratar a otro encargado del tratamiento.

Referencias normativas: art. 22.3 de la DPDPISP y art. 30.3 de la LOPDPISP.

§ 65. Protección de datos desde el diseño y por defecto

Protección de datos desde el diseño

En el momento de determinar los medios para el tratamiento, así como en el momento del tratamiento propiamente dicho, deberán aplicarse las medidas técnicas y organizativas que resulten apropiadas conforme al estado de la técnica y el coste de la aplicación, la naturaleza, el ámbito, el contexto, los fines del tratamiento y los riesgos para los derechos y libertades de las personas físicas. El objetivo será salvaguardar los principios de protección de datos de forma efectiva, al tiempo que integrar las garantías necesarias en el tratamiento. Entre estas medidas técnicas, se podrá adoptar la seudonimización de los datos personales a los efectos de contribuir a la aplicación de los principios establecidos en la LOPDPISP, en particular, el de minimización de datos personales.

Protección de datos por defecto

Además, las medidas técnicas y organizativas deberán garantizar que, por defecto, sólo sean objeto de tratamiento los datos personales que resulten necesarios para cada uno de los fines específicos del tratamiento. Dicha obligación se aplicará a la cantidad de datos personales recogidos, a la extensión de su tratamiento, a su período de conservación y a su accesibilidad.

Tales medidas garantizarán que, por defecto, los datos personales no sean accesibles a un número indeterminado de personas sin intervención humana.

Referencias normativas: art. 20 DPDPISP y art. 28 de la LOPDPISP.

§ 66. Registro de operaciones

Registro de operaciones

Los responsables y encargados del tratamiento deberán mantener registros de, al menos, las siguientes operaciones de tratamiento en sistemas de tratamiento automatizados: recogida, alteración, consulta, comunicación, incluidas las transferencias, y combinación o supresión. Los registros de consulta y comunicación harán posible determinar la justificación, la fecha y la hora de tales operaciones y, en la medida de lo posible, el nombre de la persona que consultó o comunicó los datos personales, así como la identidad de los destinatarios de dichos datos personales.

Estos registros se utilizarán únicamente a efectos de verificar la legalidad del tratamiento, controlar el cumplimiento de las medidas y de las políticas de protección de datos y garantizar la integridad y la seguridad de los datos personales en el ámbito de los procesos penales.

Dichos registros estarán a disposición de la autoridad de protección de datos competente a solicitud de esta, de conformidad con lo dispuesto legalmente.

Referencias normativas: art. 25 de la DPDPISP y art. 33 de la LOPDPISP.

§ 67.   Cooperación con las autoridades de protección de datos

Cooperación con las autoridades de protección de datos

El responsable y el encargado del tratamiento cooperarán con la autoridad de protección de datos competente, en el marco de la legislación vigente, cuando esta lo solicite en el desempeño de sus funciones.

Referencias normativas: art. 26 de la DPDPISP y art. 34 de la LOPDPISP.

§ 68.   Evaluación de impacto relativa a la protección de datos (EIPD)

Evaluación de impacto relativa a la protección de datos (EIPD)	Cuando sea probable que un tipo de tratamiento, en particular si utiliza nuevas tecnologías, suponga por su naturaleza, alcance, contexto o fines, un alto riesgo para los derechos y libertades de las personas físicas, el responsable del tratamiento realizará, con carácter previo, una evaluación del impacto de las operaciones de tratamiento previstas en la protección de datos personales.
	Las autoridades de protección de datos podrán establecer una lista de tratamientos que estén sujetos a la realización de una evaluación de impacto con arreglo a lo dispuesto en el apartado anterior y, del mismo modo, podrán establecer una lista de tratamientos que no estén sujetos a esta obligación. Ambas listas tendrán un carácter meramente orientativo.

Referencias normativas: art. 27 de la DPDPISP y art. 35 de la LOPDPISP.

§ 69.   Contenido mínimo de una EIPD

Contenido mínimo de una EIPD			
Una descripción general de las operaciones de tratamiento previstas.	Una evaluación de riesgos para los derechos y libertades de los interesados.	Las medidas contempladas para hacer frente a estos peligros, así como las medidas de seguridad y mecanismos destinados a garantizar la protección de los datos personales y a demostrar su conformidad con la LOPDPISP.	Esta evaluación tendrá en cuenta los derechos e intereses legítimos de los interesados y de las demás personas afectadas.

Referencias normativas: art. 27.2 de la DPDPISP y art. 35.2 de la LOPDPISP.

§ 70. Consulta previa a la autoridad de protección de datos

Consulta previa a la autoridad de protección de datos
1. El responsable o el encargado del tratamiento consultará a la autoridad de protección de datos, antes de proceder al tratamiento de datos personales que vayan a formar parte de un nuevo fichero, en cualquiera de las siguientes circunstancias: a) Cuando la evaluación del impacto en la protección de los datos indique que el tratamiento entrañaría un alto nivel de riesgo, a falta de medidas adoptadas por el responsable para mitigar el riesgo o los posibles daños. b) Cuando el tipo de tratamiento pueda generar un alto nivel de riesgo para los derechos y libertades de los interesados, en particular, cuando se usen tecnologías, mecanismos o procedimientos nuevos. 2. La autoridad de protección de datos correspondiente podrá establecer una lista de carácter orientativo, de las operaciones de tratamiento sujetas a consulta previa, con arreglo a lo dispuesto en el apartado anterior. 3. El responsable del tratamiento facilitará a la autoridad de protección de datos competente, la evaluación de impacto contemplada en el artículo 35 de la LOPDPISP y, previa solicitud, cualquier información adicional que permita a dicha autoridad de protección de datos evaluar la conformidad del tratamiento y, más concretamente, el nivel de riesgo para la protección de los datos personales del interesado y las garantías correspondientes. 4. Cuando la autoridad de protección de datos considere que el tratamiento previsto en el apartado 1 del art. 36 de la LOPDPISP pudiera infringir lo dispuesto en la LOPDPISP deberá, en un plazo de seis semanas desde la solicitud de la consulta, asesorar por escrito al responsable del tratamiento y, en su caso, al encargado del tratamiento, en especial, cuando el responsable del tratamiento no haya identificado o mitigado suficientemente el peligro o el nivel de riesgo. Asimismo, la autoridad de protección de datos podrá ejercer cualquiera de sus potestades de investigación, corrección o consulta. Este plazo podrá prorrogarse un mes, en función de la complejidad del tratamiento previsto. La autoridad de protección de datos informará al responsable y, en su caso, al encargado acerca de la prórroga, en el plazo de un mes a partir de la recepción de la solicitud de consulta, junto con los motivos de la dilación. En caso de no contestar a la consulta en el plazo previsto, no operará la presunción del carácter favorable del mismo.

Referencias normativas: art. 28 de la DPDPISP y art. 36 de la LOPDPISP.

Capítulo VII
SEGURIDAD

§ 71.   Seguridad del tratamiento I

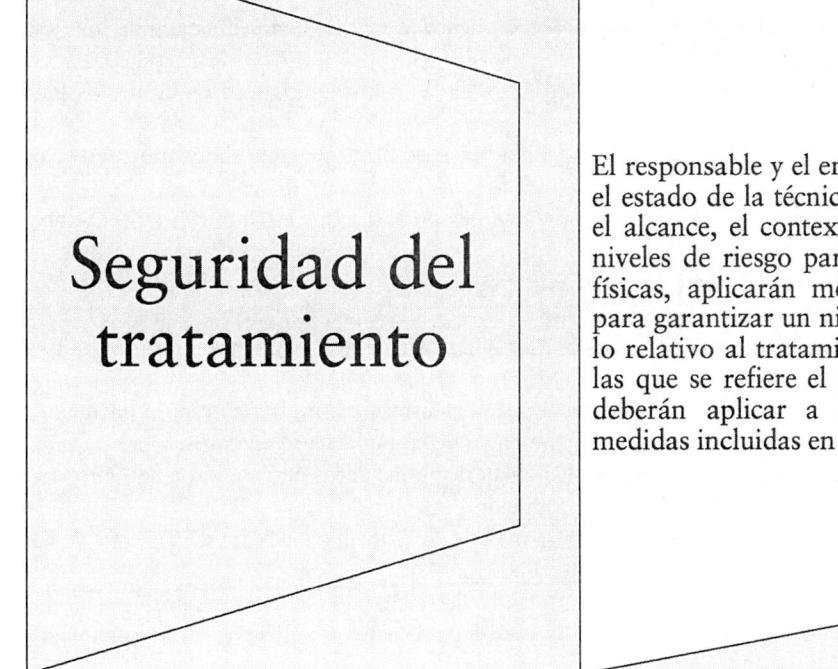

Seguridad del tratamiento

El responsable y el encargado del tratamiento, teniendo en cuenta el estado de la técnica y los costes de aplicación, y la naturaleza, el alcance, el contexto y los fines del tratamiento, así como los niveles de riesgo para los derechos y libertades de las personas físicas, aplicarán medidas técnicas y organizativas apropiadas para garantizar un nivel de seguridad adecuado, especialmente en lo relativo al tratamiento de las categorías de datos personales a las que se refiere el artículo 13 de la LOPDPISP. En particular, deberán aplicar a los tratamientos de datos personales las medidas incluidas en el Esquema Nacional de Seguridad.

Referencias normativas: art. 29.1 de la DPDPISP y art. 37.1 de la LOPDPISP.

§ 72. Seguridad del tratamiento II

Medidas de control
Por lo que respecta al tratamiento automatizado, el responsable o encargado del tratamiento, a raíz de una evaluación de los riesgos, pondrá en práctica medidas de control con el siguiente propósito: a) En el control de acceso a los equipamientos, denegar el acceso a personas no autorizadas a los equipamientos utilizados para el tratamiento. b) En el control de los soportes de datos, impedir que estos puedan ser leídos, copiados, modificados o cancelados por personas no autorizadas. c) En el control del almacenamiento, impedir que se introduzcan sin autorización datos personales, o que estos puedan inspeccionarse, modificarse o suprimirse sin autorización. d) En el control de los usuarios, impedir que los sistemas de tratamiento automatizado puedan ser utilizados por personas no autorizadas por medio de instalaciones de transmisión de datos. e) En el control del acceso a los datos, garantizar que las personas autorizadas a utilizar un sistema de tratamiento automatizado, sólo puedan tener acceso a los datos personales para los que han sido autorizados. f) En el control de la transmisión, garantizar que sea posible verificar y establecer a qué organismos se han transmitido o pueden transmitirse, o a cuya disposición pueden ponerse los datos personales mediante equipamientos de comunicación de datos. g) En el control de la introducción, garantizar que pueda verificarse y constatarse, a posteriori, qué datos personales se han introducido en los sistemas de tratamiento automatizado, en qué momento y quién los ha introducido. h) En el control del transporte, impedir que durante las transferencias de datos personales o durante el transporte de soportes de datos, los datos personales puedan ser leídos, copiados, modificados o suprimidos sin autorización. i) En el control de restablecimiento, garantizar que los sistemas instalados puedan restablecerse en caso de interrupción. j) En el control de fiabilidad e integridad, garantizar que las funciones del sistema no presenten defectos, que los errores de funcionamiento sean señalados y que los datos personales almacenados no se degraden por fallos de funcionamiento del sistema.

Referencias normativas: art. 29.2 de la DPDPISP y art. 37.2 de la LOPDPISP.

§ 73. Notificación a la autoridad de protección de datos de una violación de la seguridad de los datos personales

Notificación a la autoridad de protección de datos de una violación de la seguridad de los datos personales

1. Cualquier violación de la seguridad de los datos personales será notificada por el responsable del tratamiento a la autoridad de protección de datos competente, a menos que sea improbable que la violación de la seguridad de los datos personales constituya un peligro para los derechos y las libertades de las personas físicas.

La notificación deberá realizarse en el plazo de las setenta y dos horas siguientes al momento en que se haya tenido constancia de ella. En caso contrario, deberá ir acompañada de los motivos de la dilación.

2. El encargado del tratamiento notificará, sin dilación indebida, al responsable del tratamiento, las violaciones de la seguridad de los datos personales de las que tenga conocimiento.

3. La notificación contemplada en el apartado 1 del art. 38 de la LOPDPISP deberá, al menos:

a) Referir la naturaleza de la violación de la seguridad de los datos personales, incluyendo, cuando sea posible, las categorías y el número aproximado de personas afectadas, así como las categorías y el número aproximado de registros de datos personales afectados por la violación de la seguridad.

b) Comunicar el nombre y los datos de contacto del delegado de protección de datos o de otro punto de contacto en el que pueda obtenerse más información.

c) Detallar las posibles consecuencias de la violación de la seguridad de los datos personales.

d) Describir las medidas adoptadas o propuestas por el responsable del tratamiento para poner remedio a la violación de la seguridad de los datos personales, incluyendo, si procede, las medidas adoptadas para mitigar sus posibles efectos negativos.

4. Si no fuera posible facilitar la información simultáneamente, se podrá facilitar de forma progresiva, a medida que se disponga de ella.

5. El responsable del tratamiento documentará cualquier violación de la seguridad de los datos personales, incluidos los hechos relativos a dicha violación, sus efectos y las medidas correctivas adoptadas.

Dicha documentación estará a disposición de la autoridad de protección de datos competente al objeto de verificar el cumplimiento de lo dispuesto en este artículo.

6. Cuando la violación de la seguridad de los datos personales afecte a datos que hayan sido transmitidos por el responsable del tratamiento o al responsable del tratamiento de otro Estado miembro de la Unión Europea, la información recogida en el apartado 3 del art. 38 de la LOPDPISP se comunicará al responsable del tratamiento de dicho Estado.

7. Todas las actividades relacionadas en este artículo se realizarán sin dilaciones indebidas.

Referencias normativas: art. 30 de la DPDPISP y art. 38 de la LOPDPISP.

§ 74. Comunicación de una violación de la seguridad de los datos personales al interesado

Comunicación de una violación de la seguridad de los datos personales al interesado

1. Cuando existan indicios de que una violación de la seguridad de los datos personales supondría un alto riesgo para los derechos y libertades de las personas físicas, el responsable del tratamiento comunicará al interesado, sin dilación indebida, la violación de la seguridad de los datos personales.

2. La comunicación al interesado describirá con lenguaje claro, sencillo y accesible conforme a sus circunstancias y capacidades, la naturaleza de la violación de la seguridad de los datos personales y contendrá, al menos, la información y las medidas a las que se refiere el artículo 38.3. b), c) y d) de la LOPDPISP.

3. No se efectuará la comunicación al interesado que prevé el apartado 1 cuando se cumpla alguna de las condiciones siguientes:

a) Que el responsable del tratamiento haya adoptado medidas apropiadas de protección técnica y organizativa y dichas medidas se hayan aplicado a los datos personales afectados por la violación de la seguridad antes de la misma, en particular, aquellas que hagan ininteligibles los datos personales para cualquier persona que no esté autorizada a acceder a ellos, como en el caso del cifrado.

b) Que el responsable del tratamiento haya tomado medidas ulteriores para garantizar que no se materialice el alto nivel de riesgo para los derechos y libertades del interesado a que hace referencia el apartado 1 del art. 39 de la LOPDPISP.

c) Que suponga un esfuerzo desproporcionado, en cuyo caso, se optará por su publicación en el boletín oficial correspondiente, en la sede electrónica del responsable del tratamiento o en otro canal oficial que permita una comunicación efectiva con el interesado.

4. En el supuesto de que el responsable del tratamiento no haya comunicado al interesado la violación de la seguridad de los datos personales, la autoridad de protección de datos competente, una vez valorada la existencia de un alto nivel de riesgo, podrá exigirle que proceda a dicha comunicación, o bien que determine la concurrencia de alguna de las condiciones previstas en el apartado 3 del art. 39 de la LOPDPISP.

5. La comunicación al interesado referida en el apartado 1 del art. 39 de la LOPDPISP podrá aplazarse, limitarse u omitirse con sujeción a las condiciones y por los motivos previstos en el artículo 24 de la LOPDPISP.

Referencias normativas: art. 31 de la DPDPISP y art. 39 de la LOPDPISP.

Capítulo VIII
DELEGADO DE PROTECCIÓN DE DATOS

§ 75. Delegado de protección de datos (DPD)

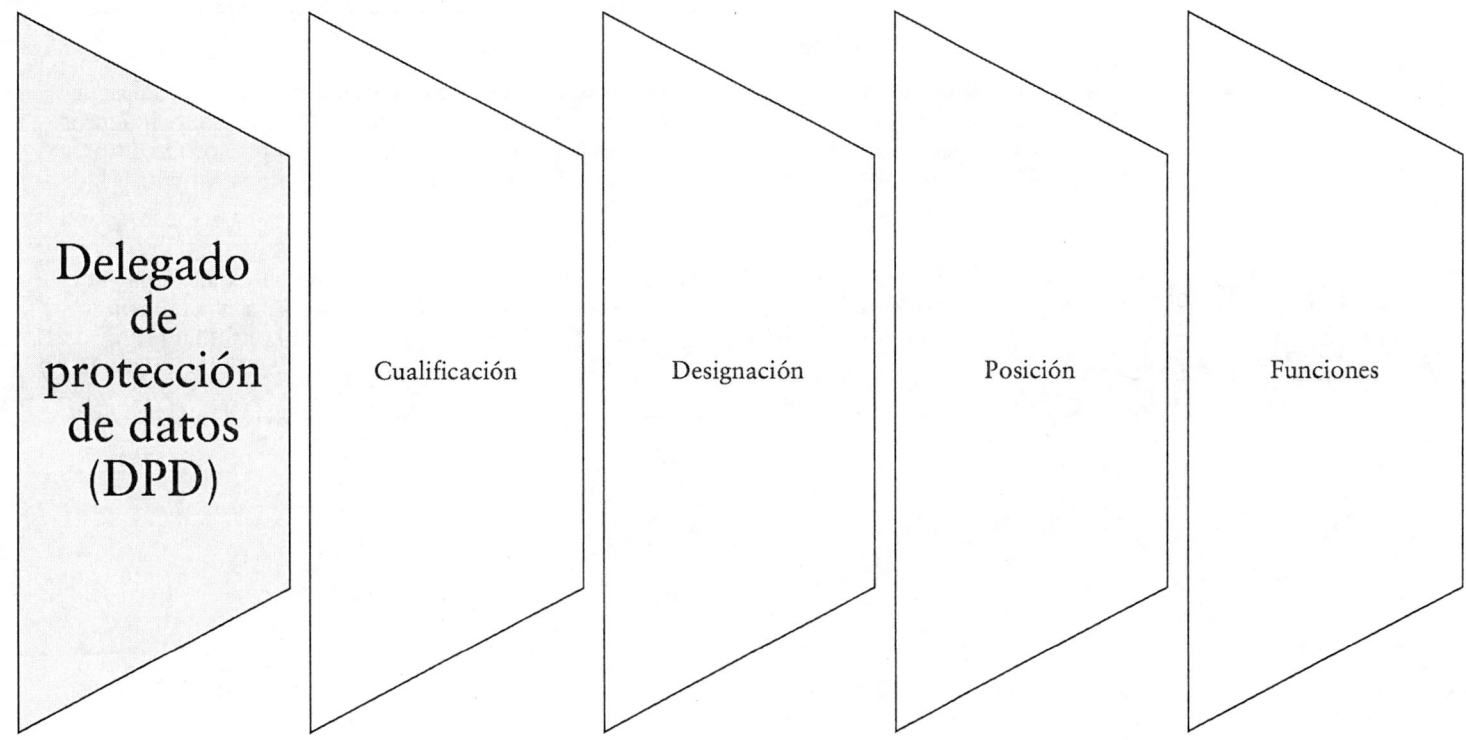

Referencias normativas: arts. 32 a 34 de la DPDPISP y arts. 40 a 42 de la LOPDPISP.

§ 76. Cualificación del DPD

Cualificación del DPD

- El delegado de protección de datos será designado atendiendo a sus cualidades profesionales. En concreto, se tendrán en cuenta sus conocimientos especializados en legislación, su experiencia en materia de protección de datos y su capacidad para desempeñar las funciones a las que se refiere el artículo 42 de la LOPDPISP.

- En el caso de haber designado un delegado de protección de datos al amparo del Reglamento General de Protección de Datos (RGPD), este será el que asumirá las funciones de delegado de protección de datos previstas en la LOPDPISP.

Referencias normativas: art. 32.2 de la DPDPISP y art. 40.2 de la LOPDPyGDD.

§ 77. Designación del DPD

Designación del DPD

- Los responsables del tratamiento designarán, en todo caso, un delegado de protección de datos. No estarán obligados a designarlo los órganos jurisdiccionales o el Ministerio Fiscal cuando el tratamiento de datos personales se realice en el ejercicio de sus funciones jurisdiccionales.

- Podrá designarse a un único delegado de protección de datos para varias autoridades competentes, teniendo en cuenta la estructura organizativa y el tamaño de estas.

- Los responsables del tratamiento publicarán los datos de contacto del delegado de protección de datos y comunicarán a la autoridad de protección de datos competente su designación y cese, en el plazo de diez días desde que se haya producido.

Referencias normativas: arts. 32 de la DPDPISP y art. 40 de la LOPDPISP.

§ 78. Posición del DPD

Posición del DPD
• El responsable del tratamiento velará porque el delegado de protección de datos participe adecuada y oportunamente en todas las cuestiones relativas a la protección de datos personales, al tiempo que cuidará de que mantenga sus conocimientos especializados, cuente con los recursos necesarios para el desempeño de sus funciones y acceda a los datos personales y a las operaciones de tratamiento.
• El delegado de protección de datos no podrá ser removido ni sancionado por el responsable o el encargado por desempeñar sus funciones, salvo que incurriera en dolo o negligencia grave en su ejercicio. Se garantizará la independencia del delegado de protección de datos dentro de la organización, debiendo evitar cualquier conflicto de intereses.
• En el ejercicio de sus funciones el delegado de protección de datos tendrá acceso a los datos personales y procesos de tratamiento. La existencia de cualquier deber de confidencialidad o secreto no permitirá que el responsable o el encargado del tratamiento se oponga a dicho acceso.
• Cuando el delegado de protección de datos aprecie la existencia de una vulneración relevante en materia de protección de datos lo documentará y lo comunicará inmediatamente a los órganos de dirección del responsable o del encargado del tratamiento.

Referencias normativas: art. 33 de la DPDPISP y art. 41 de la LOPDPISP.

§ 79. Funciones del DPD

Funciones del DPD	El responsable del tratamiento encomendará al delegado de protección de datos, al menos, las siguientes funciones:
	a) Informar y asesorar al responsable del tratamiento y a los empleados que se ocupen del mismo, acerca de las obligaciones que les incumben en virtud de la LOPDPISP y de otras disposiciones de protección de datos aplicables.
	b) Supervisar el cumplimiento de lo dispuesto en la LOPDPISP y en otras disposiciones de protección de datos aplicables, así como de lo establecido en las políticas del responsable del tratamiento en materia de protección de datos personales, incluidas la asignación de responsabilidades, la concienciación y formación del personal que participe en las operaciones de tratamiento y las auditorías correspondientes.
	c) Ofrecer el asesoramiento que se le solicite acerca de la evaluación de impacto relativa a la protección de datos y supervisar su realización.
	d) Cooperar con la autoridad de protección de datos en los términos de la legislación vigente.
	e) Actuar como punto de contacto de la autoridad de protección de datos para las cuestiones relacionadas con el tratamiento, incluida la consulta previa referida en el artículo 36 LOPDPISP, y realizar consultas, en su caso, sobre cualquier otro asunto.

Referencias normativas: art. 34 de la DPDPISP y art. 42 de la LOPDPISP.

Capítulo IX
TRANSFERENCIAS INTERNACIONALES DE DATOS

§ 80. Transferencias internacionales de datos. Principios generales I

Al objeto de garantizar el nivel de protección de las personas físicas previsto en la LOPDPISP, cualquier transferencia de datos personales realizada por las autoridades competentes españolas a un Estado que no sea miembro de la Unión Europea o a una organización internacional, incluidas las transferencias ulteriores a otro Estado que no pertenezca a la Unión Europea o a otra organización internacional, deberá cumplir las siguientes condiciones:

a) Que la transferencia sea necesaria para los fines establecidos en el artículo 1 de la LOPDPISP.

b) Que los datos personales sean transferidos a un responsable del tratamiento competente para los fines mencionados en el artículo 1 de la LOPDPISP.

c) Que, en caso de que los datos personales hayan sido transferidos a la autoridad competente española procedentes de otro Estado miembro de la Unión Europea, dicho Estado miembro autorice previamente la transferencia ulterior de conformidad con su Derecho nacional.

d) Que la Comisión Europea haya adoptado una decisión de adecuación de acuerdo con el artículo 44 de la LOPDPISP o, a falta de dicha decisión, cuando se hayan aportado o existan garantías apropiadas de conformidad con el artículo 45de la LOPDPISP o, a falta de ambas, cuando resulten de aplicación las excepciones para situaciones específicas de acuerdo con el artículo 46 de la LOPDPISP.

e) Cuando se trate de una transferencia ulterior a un Estado que no sea miembro de la Unión Europea u organización internacional, de datos transferidos inicialmente por una autoridad competente española, esta autorizará la transferencia ulterior, una vez considerados todos los factores pertinentes, entre estos, la gravedad de la infracción penal, la finalidad para la que se transfirieron inicialmente los datos personales y el nivel de protección existente en ese Estado u organización internacional a los que se transfieran ulteriormente los datos personales.

Referencias normativas: art. 35.1 del RGPD y art. 43.1 de la LOPDPISP.

§ 81.   Transferencias internacionales de datos. Principios generales II

Las transferencias de datos personales por las autoridades españolas sin autorización previa de otro Estado miembro, conforme al párrafo 1.c) del art. 43 de la LOPDPISP, sólo se permitirán si la transferencia de datos personales resulta necesaria para prevenir una amenaza inmediata y grave para la seguridad pública, tanto de un Estado miembro de la Unión Europea como no perteneciente a la misma, o para los intereses fundamentales de un Estado miembro de la Unión Europea, y cuando la autorización previa no pueda conseguirse a su debido tiempo.

Las autoridades españolas informarán sin dilación a la autoridad responsable de conceder la autorización previa, y en todo caso en el plazo máximo de diez días a contar desde que se haya producido la transferencia.

Se impulsará el establecimiento de mecanismos de cooperación internacional y de asistencia mutua y se fomentará el intercambio de normativa y de buenas prácticas con los Estados que no sean miembros de la Unión Europea y con las organizaciones internacionales, de manera que se facilite la aplicación efectiva de la legislación sobre la protección de datos personales, inclusive en el ámbito de la resolución de conflictos jurisdiccionales, procurando la participación de todas las partes interesadas.

Referencias normativas: art. 35.2 y 35.3 de la DPDPISP y art. 43.2 Y 43.3 de la LOPDPISP.

§ 82. Transferencias internacionales de datos

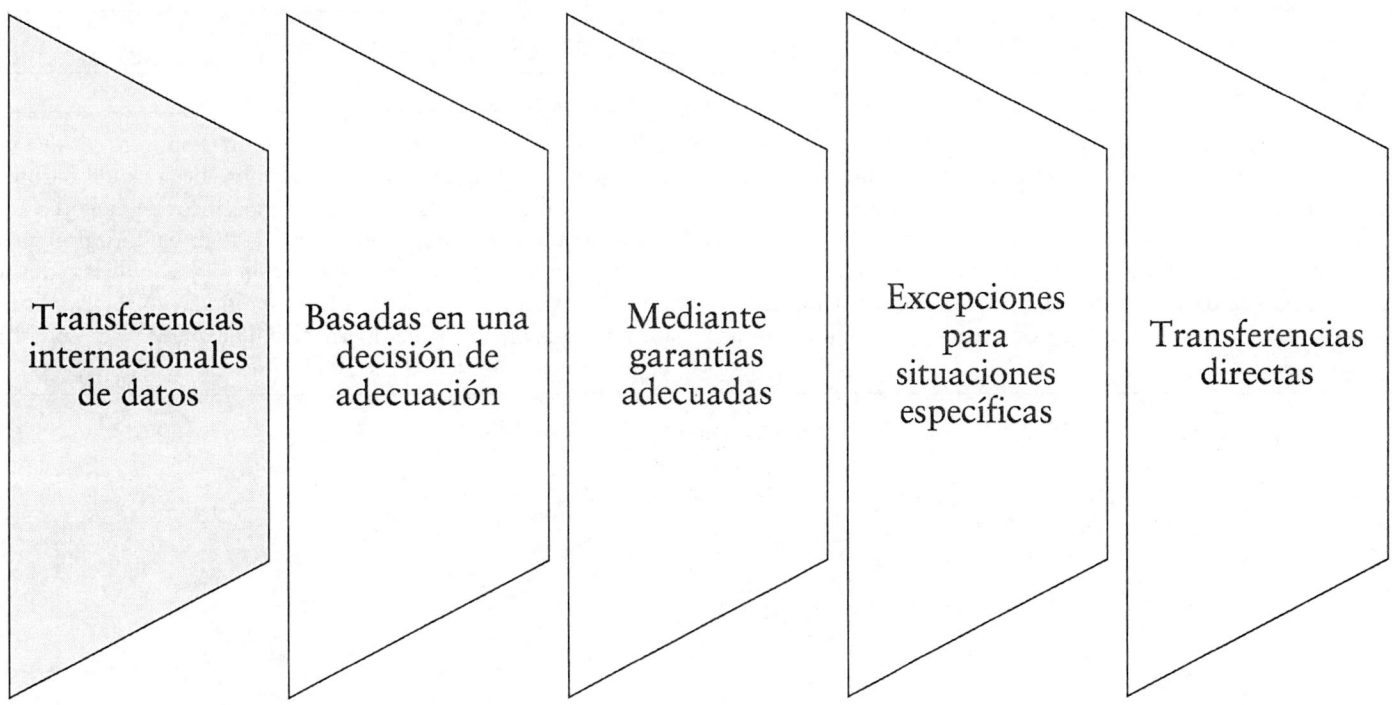

Transferencias internacionales de datos

Basadas en una decisión de adecuación

Mediante garantías adecuadas

Excepciones para situaciones específicas

Transferencias directas

Referencias normativas: Capítulo V, Transferencias de datos personales a terceros países u organizaciones internacionales, de la DPDPISP, y el Capítulo V, Transferencias de datos personales a terceros países que no sean miembros de la Unión Europea o a organizaciones internacionales, de la LOPDPISP.

§ 83. Transferencias basadas en una decisión de adecuación

Transferencias basadas en una decisión de adecuación
1. Cuando la Comisión Europea, mediante una decisión de adecuación, haya decidido que un Estado que no sea miembro de la Unión Europea, un territorio o uno o varios sectores específicos de dicho Estado, o la organización internacional de que se trate, garantizan un nivel de protección adecuado, podrán realizarse transferencias de datos personales a ese Estado u organización internacional. Dichas transferencias no requerirán ninguna autorización específica.	2. Toda decisión de adecuación de la Comisión Europea que determine que un Estado que no sea miembro de la Unión Europea, un territorio o uno o varios sectores específicos de dicho Estado, o una organización internacional ha dejado de garantizar un nivel de protección adecuado, se entenderá sin perjuicio de las transferencias de datos personales a dicho Estado, territorio o sector del mismo o a la organización internacional de que se trate, en virtud de los artículos 45 y 46 de la LOPDPISP.

Referencias normativas: art. 36 de la DPDPISP y art. 44 de la LOPDPISP.

§ 84.   Transferencias mediante garantías apropiadas

Transferencias mediante garantías apropiadas	1. En ausencia de una decisión de adecuación de la Comisión Europea conforme al artículo 44 de la LOPDPISP podrán realizarse transferencias de datos personales a un Estado que no sea miembro de la Unión Europea o a una organización internacional cuando concurra alguna de las siguientes circunstancias:	a) Se hayan aportado garantías apropiadas respecto a la protección de datos personales en un instrumento jurídicamente vinculante.
		b) Se hayan evaluado, por parte del responsable del tratamiento, todas las circunstancias que concurren en la transferencia de datos personales y se haya concluido que existen garantías apropiadas respecto a la protección de datos personales.
	2. El responsable del tratamiento informará a la autoridad de protección de datos competente acerca de las categorías de transferencias a tenor del párrafo 1.b) del art. 45 de la LOPDPISP.	
	3. Cuando las transferencias se basen en lo dispuesto en el párrafo 1.b) del art. 45 de la LOPDPISP deberán documentarse. La documentación se pondrá a disposición de la autoridad de protección de datos competente, previa solicitud, con inclusión de la siguiente información: fecha, hora de la transferencia, información sobre la autoridad competente destinataria, justificación de la transferencia y datos personales transferidos.	

Referencias normativas: art. 37 de la DPDPISP y art. 45 de la LOPDPISP.

§ 85.   Excepciones para situaciones específicas

1. En ausencia de una decisión de adecuación de la Comisión Europea o de garantías apropiadas de acuerdo con los artículos 44 y 45 de la LOPDPISP, podrán realizarse transferencias de datos personales a un Estado que no sea miembro de la Unión Europea o a una organización internacional cuando la transferencia sea necesaria por concurrir alguna de las siguientes circunstancias:

a) Para proteger los intereses vitales o los derechos y libertades fundamentales del interesado o de otra persona.

b) Para salvaguardar intereses legítimos del interesado reconocidos por la legislación española.

c) Para prevenir una amenaza grave e inmediata para la seguridad pública de un Estado, tanto miembro de la Unión Europea como no perteneciente a la misma.

d) En casos individuales, a efectos del artículo 1 de la LOPDPISP.

e) Para el ejercicio, en un caso individual, de acciones legales o para la defensa frente a ellas en relación con los fines incluidos en el artículo 1 de la LOPDPISP.

2. Los datos personales no se transferirán, si la autoridad competente de la transferencia determina que los derechos y libertades fundamentales del interesado prevalecen sobre el interés público en la transferencia, establecido en las letras d) y e) del apartado 1 del art. 46 de la LOPDPISP.

3. Las transferencias basadas en lo dispuesto en este artículo deberán documentarse. Esta documentación quedará a disposición de la autoridad de protección de datos competente, con inclusión de la fecha y la hora de la transferencia, la información sobre la autoridad competente destinataria, la justificación de la transferencia y los datos personales transferidos.

Referencias normativas: art. 38 de la DPDPISP y art. 46 de la LOPDPISP.

§ 86. Transferencias directas de datos personales a destinatarios, que no sean autoridades competentes, establecidos en Estados no pertenecientes a la Unión Europea

Transferencias directas de datos personales a destinatarios, que no sean autoridades competentes, establecidos en Estados no pertenecientes a la Unión Europea	1. Excepcionalmente, en casos particulares y específicos y sin perjuicio de la existencia de un acuerdo internacional entre España y un Estado que no sea miembro de la Unión Europea en el ámbito de la cooperación judicial penal o de la cooperación policial, las autoridades competentes españolas podrán transferir datos personales directamente a destinatarios que no tengan la condición de autoridad competente, establecidos en Estados que no sean miembros de la Unión Europea, siempre que se cumplan las disposiciones de la LOPDPISP y se satisfagan todas las condiciones siguientes:
	a) Que la transferencia sea estrictamente necesaria para la realización de una función de la autoridad competente que lleva a cabo la transferencia conforme al Derecho de la Unión Europea o a la legislación española, con cualquiera de los fines del artículo 1 de la LOPDPISP.
	b) Que la autoridad competente que realiza la transferencia determine que ninguno de los derechos y libertades fundamentales del interesado son superiores al interés público que precise de la transferencia de que se trate.
	c) Que la autoridad competente que realiza la transferencia considere que la transferencia a una autoridad competente del Estado en el que está establecido el destinatario, con cualquiera de los fines del artículo 1, resultaría ineficaz o inadecuada, en particular porque la transferencia no pueda efectuarse dentro de plazo.
	d) Que se informe sin dilación indebida a la autoridad competente para los fines que contempla el artículo 1 de dicho Estado, salvo que esto resulte ineficaz o inadecuado.
	e) Que la autoridad competente que realiza la transferencia informe al destinatario de la finalidad o finalidades específicas para las que puede tratar los datos personales, siempre y cuando dicho tratamiento sea necesario.
	2. La autoridad competente que realiza la transferencia informará a la autoridad de protección de datos competente acerca de las transferencias efectuadas a tenor del art. 47 de la LOPDPISP.
	3. Las transferencias basadas en lo dispuesto en el artículo 47 de la LOPDPISP deberán documentarse.

Referencias normativas: art. 39 de la DPDPISP y art. 47 de la LOPDPISP.

Capítulo X
AUTORIDADES DE PROTECCIÓN DE DATOS INDEPENDIENTES

§ 87. Definición de «autoridad de control»

«autoridad de control»:

una autoridad pública independiente establecida por un Estado miembro con arreglo a lo dispuesto en el artículo 41 de la DPDPISP

Referencia normativa: art. 3.15), «autoridad de control» de la DPDPISP.

§ 88.   Autoridades de control independientes de protección de datos

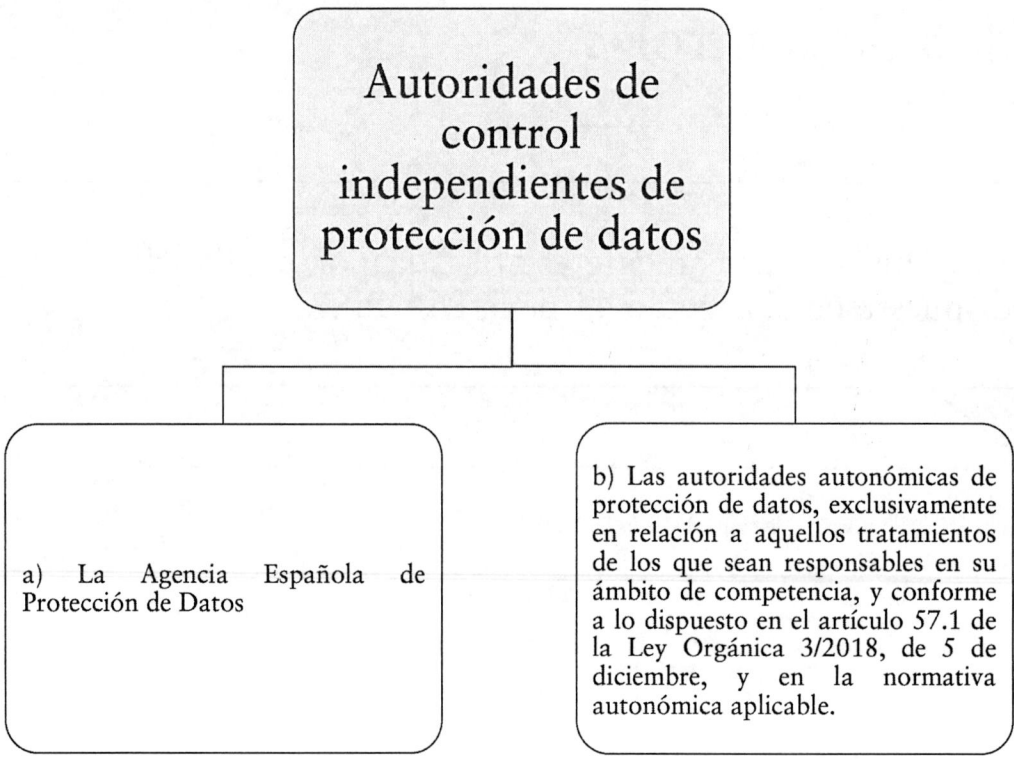

Autoridades de control independientes de protección de datos

a) La Agencia Española de Protección de Datos

b) Las autoridades autonómicas de protección de datos, exclusivamente en relación a aquellos tratamientos de los que sean responsables en su ámbito de competencia, y conforme a lo dispuesto en el artículo 57.1 de la Ley Orgánica 3/2018, de 5 de diciembre, y en la normativa autonómica aplicable.

Referencia normativa: art. 48 de la LOPDPISP.

§ 89. Funciones de las autoridades de protección de datos I

Funciones de las autoridades de protección de datos I	a) Supervisar y hacer cumplir las disposiciones adoptadas con arreglo a la LOPDPISP.
	b) Promover la sensibilización y la comprensión de la ciudadanía acerca de los riesgos, normas, garantías y derechos relativos al tratamiento.
	c) Asesorar a las Cortes Generales, al Gobierno de la Nación y a los organismos dependientes o vinculados a la Administración General del Estado, así como, de acuerdo con su ámbito competencial, a las Asambleas Legislativas de las comunidades autónomas, los Consejos de Gobierno y los organismos dependientes o vinculados a la Administración de las comunidades autónomas, acerca de las medidas legislativas y administrativas relativas a la protección de los derechos y libertades de las personas físicas con respecto al tratamiento.
	d) Promover la sensibilización de los responsables y encargados del tratamiento en relación con las obligaciones que les incumben.
	e) Facilitar la información solicitada por los interesados sobre el ejercicio de sus derechos en virtud de la LOPDPISP y, en su caso, cooperar a tal fin con las autoridades de protección de datos de otros Estados miembros de la Unión Europea.
	f) Tramitar y responder las reclamaciones presentadas por un interesado o por una entidad, organización o asociación de conformidad con el artículo 55 de la LOPDPISP, e investigar, en la medida oportuna, el motivo de la reclamación e informar al reclamante sobre el curso y el resultado de la investigación en un plazo razonable.
	g) Controlar, de acuerdo con lo dispuesto en el artículo 25 de la LOPDPISP, la licitud del tratamiento e informar al interesado en un plazo razonable sobre el resultado del control o sobre los motivos por los que no se ha llevado a cabo.

Referencias normativas: art. 46 de la DPDPISP y art. 49 de la LOPDPISP.

§ 90. Funciones de las autoridades de protección de datos II

Funciones de las autoridades de protección de datos II	h) Cooperar, en particular compartiendo información, con otras autoridades de protección de datos y prestarse asistencia mutua.
	i) Llevar a cabo investigaciones sobre la aplicación de la LOPDPISP, en particular basándose en la información recibida de otra autoridad de protección de datos u otra autoridad pública.
	j) Realizar un seguimiento de acontecimientos que sean de interés, en la medida en que tengan incidencia en la protección de datos personales, de manera concreta sobre el desarrollo de las tecnologías de la información y la comunicación.
	k) Prestar asesoramiento sobre las operaciones de tratamiento contempladas en el artículo 36 de la LOPDPISP.
	l) Contribuir a las actividades del Comité Europeo de Protección de Datos
	m) Informar todas las disposiciones legales o reglamentarias que afecten a tratamientos sometidos a la LOPDPISP.

Referencias normativas: art. 46 de la DPDPISP y art. 49 de la LOPDPISP.

§ 91.   Potestades de las autoridades de protección de datos

Potestades de las autoridades de protección de datos		
a) De investigación, incluyendo el acceso a todos los datos que estén siendo tratados por el responsable o el encargado del tratamiento, en los términos previstos por la legislación vigente.	b) De advertencia y control de lo exigido en la LOPDPISP, incluida la sanción de las infracciones cometidas, la elaboración de recomendaciones, órdenes de rectificación, supresión o limitación del tratamiento de datos personales o de limitación temporal o definitiva del tratamiento, incluida su prohibición, así como la orden a los responsables del tratamiento de comunicar las vulneraciones de seguridad de los datos a los interesados.	c) De asesoramiento, que comprende la consulta previa prevista en el artículo 36 de la LOPDPISP y la emisión, por propia iniciativa o previa solicitud, de dictámenes destinados a las Cortes Generales o al Gobierno, a otras instituciones u organismos, así como al público en general, acerca de todo asunto relacionado con la protección de datos personales sujeto a la LOPDPISP.

Referencias normativas: art. 47 de la DPDPISP y art. 50 de la LOPDPISP.

§ 92. Asistencia entre autoridades de protección de datos de los Estados miembros de la Unión Europea

<table>
<tr>
<td>Asistencia entre autoridades de protección de datos de los Estados miembros de la Unión Europea</td>
<td>

1. Las autoridades de protección de datos españolas facilitarán la asistencia y cooperación necesaria a las autoridades de protección de datos de otros Estados miembros de la Unión Europea, debiendo responder a las solicitudes de estas sin dilación indebida, y en cualquier caso, en el plazo máximo de un mes desde su recepción. La asistencia mutua abarcará, en particular, las solicitudes de información y las medidas de control, así como las solicitudes para llevar a cabo consultas, inspecciones e investigaciones.

2. Las autoridades de protección de datos españolas podrán solicitar, en el ejercicio de sus funciones, la asistencia y cooperación de las autoridades de protección de datos de otros Estados miembros de la Unión Europea. Las solicitudes deberán contener toda la información necesaria para su contestación, incluidos los motivos y la finalidad de la solicitud. La información intercambiada se utilizará únicamente para el fin para el que haya sido solicitada.

3. Las contestaciones de las autoridades de protección de datos españolas deberán indicar los resultados obtenidos o las medidas adoptadas con base en la solicitud recibida. Estas respuestas serán remitidas en formato electrónico, en la medida de lo posible.

4. La solicitud de asistencia procedente de una autoridad de protección de datos de un Estado miembro de la Unión Europea únicamente podrá negarse a ser atendida, de manera motivada, cuando la autoridad de protección de datos española no sea competente respecto al objeto o a las medidas solicitadas, o bien cuando el hecho de atender la solicitud vulnere la legislación española o el Derecho de la Unión Europea. Se informará, en su caso, de la restricción de los derechos del interesado adoptada en aplicación del artículo 24 de la LOPDPISP.

5. Las medidas adoptadas con ocasión de una solicitud de asistencia mutua serán gratuitas, sin perjuicio de que en circunstancias excepcionales puedan pactarse indemnizaciones por gastos específicos derivados de la prestación de la asistencia.

</td>
</tr>
</table>

Referencias normativas: art. 51 de la LOPDPISP.

Capítulo XI
COOPERACIÓN

§ 93.   Asistencia mutua

1. Los Estados miembros dispondrán que sus autoridades de control se faciliten entre sí información útil y se presten asistencia mutua a fin de aplicar la DPDPISP de manera coherente, y tomarán medidas para asegurar una efectiva cooperación entre ellas. La asistencia mutua abarcará, en particular, las solicitudes de información y las medidas de control, como las solicitudes para llevar a cabo consultas, inspecciones e investigaciones.

2. Los Estados miembros dispondrán que cada autoridad de control adopte todas las medidas apropiadas requeridas para responder a la solicitud de otra autoridad de control sin dilación indebida y a más tardar en el plazo de un mes tras haber recibido la solicitud. Dichas medidas podrán incluir, en particular, la transmisión de información pertinente sobre el desarrollo de una investigación.

3. Las solicitudes de asistencia deberán contener toda la información necesaria, entre otras cosas respecto de la finalidad y los motivos de la solicitud. La información que se intercambie se utilizará únicamente para el fin para el que haya sido solicitada.

4. La autoridad de control requerida no podrá negarse a responder a una solicitud, salvo si:

a) no es competente en relación con el objeto de la solicitud o con las medidas cuya ejecución se solicita, o

b) el hecho de atender la solicitud infringiría la DPDPISP o el Derecho de la Unión o del Estado miembro al que esté sujeta la autoridad de control que haya recibido la solicitud.

5. La autoridad de control requerida informará a la autoridad de control requirente de los resultados obtenidos o, en su caso, de los progresos registrados o de las medidas adoptadas para responder a su solicitud. La autoridad de control requerida explicará los motivos de su negativa a responder a una solicitud al amparo del apartado 4, art. 50 DPDPISP.

6. Como norma general, las autoridades de control requeridas facilitarán la información solicitada por otras autoridades de control por vía electrónica, utilizando un formato normalizado.

7. Las autoridades de control requeridas no cobrarán tasa alguna por las medidas adoptadas a raíz de una solicitud de asistencia mutua. Las autoridades de control podrán convenir normas de indemnización recíproca por gastos específicos derivados de la prestación de asistencia mutua en circunstancias excepcionales.

8. La Comisión podrá especificar, mediante actos de ejecución, el formato y los procedimientos de asistencia mutua contemplados en el presente artículo, así como las modalidades del intercambio de información por vía electrónica entre las autoridades de control y entre las autoridades de control y el Comité Europeo de Protección de Datos. Dichos actos de ejecución se adoptarán con arreglo al procedimiento de examen contemplado en el artículo 58, apartado 2, DPDPISP.

Referencia normativa: art. 50 de la DPDPISP.

§ 94. Funciones del Comité Europeo de Protección de Datos

Funciones del Comité Europeo de Protección de Datos

El Comité Europeo de Protección de Datos creado por el Reglamento (UE) 2016/679 ejercerá, dentro del ámbito de aplicación de la DPDPISP, las siguientes funciones en relación con el tratamiento de datos:

a) asesorará a la Comisión sobre toda cuestión relativa a la protección de datos personales en la Unión, en particular sobre cualquier propuesta de modificación de la presente Directiva;

b) examinará, a iniciativa propia o a instancia de uno de sus miembros o de la Comisión, cualquier cuestión relativa a la aplicación de la DPDPISP, y emitirá directrices, recomendaciones y buenas prácticas, a fin de promover la aplicación coherente de la DPDPISP;

c) formulará directrices para las autoridades de control, relativas a la aplicación de las medidas contempladas en el artículo 47, apartados 1 y 3, de la DPDPISP;

d) emitirá directrices, recomendaciones y buenas prácticas, con arreglo a la letra b) del presente párrafo a fin de establecer las violaciones de la seguridad de los datos personales y determinar la dilación indebida que contempla el artículo 30, apartados 1 y 2, de la DPDPISP así como las circunstancias particulares en las que el responsable o el encargado del tratamiento debe notificar la violación de la seguridad de los datos personales;

e) emitirá directrices, recomendaciones y buenas prácticas, con arreglo a la letra b) del presente párrafo en cuanto a las circunstancias en las que sea probable que la violación de la seguridad de los datos personales vaya a tener como resultado un alto riesgo para los derechos y libertades de las personas físicas a tenor del artículo 31, apartado 1;

f) examinará la aplicación práctica de las directrices, recomendaciones y buenas prácticas;

g) facilitará a la Comisión un dictamen para evaluar la adecuación del nivel de protección en un tercer país, un territorio o uno o varios sectores específicos en un tercer país o una organización internacional, incluso para evaluar si dicho tercer país, territorio, sector específico u organización internacional han dejado de garantizar un nivel de protección adecuado;

h) promoverá la cooperación y los intercambios bilaterales y multilaterales efectivos de información y de buenas prácticas entre las autoridades de control;

i) promoverá programas de formación comunes y facilitará los intercambios de personal entre las autoridades de control y, cuando proceda, con las autoridades de control de terceros países o con organizaciones internacionales;

j) promoverá el intercambio de conocimientos y documentación sobre legislación y prácticas en materia de protección de datos con las autoridades de control encargadas de la protección de datos a escala mundial.

Referencia normativa: art. 51 de la DPDPISP (redacción de acuerdo con la corrección de errores de la DPDPISP, Diario Oficial de la Unión Europea L 127/8, de 23 de mayo de 2018).

§ 95. Intercambio de datos dentro de la Unión Europea

> # Intercambio de datos dentro de la Unión Europea

> El intercambio de datos personales por parte de las autoridades competentes españolas en el interior de la Unión Europea, cuando el Derecho de la Unión Europea o la legislación española exijan dicho intercambio, no estará limitado ni prohibido por motivos relacionados con la protección de las personas físicas respecto al tratamiento de sus datos personales.

Referencia normativa: Disposición adicional segunda de la LOPDPISP.

§ 96. Acuerdos internacionales en el ámbito de la cooperación judicial en materia penal y de la cooperación policial

Acuerdos internacionales en el ámbito de la cooperación judicial en materia penal y de la cooperación policial

Los acuerdos internacionales en el ámbito de la cooperación judicial en materia penal y de la cooperación policial que impliquen la transferencia de datos personales a Estados que no sean miembros de la Unión Europea u organizaciones internacionales y que hubieran sido celebrados por España antes del 6 de mayo de 2016, cumpliendo lo dispuesto en el Derecho de la Unión Europea aplicable antes de dicha fecha, seguirán en vigor hasta que sean objeto de modificación, enmienda o terminación.

Referencia normativa: Disposición adicional tercera de la LOPDPISP.

Capítulo XII
RECURSOS, RESPONSABILIDAD Y RECLAMACIONES

§ 97.   Derecho a presentar una reclamación ante una autoridad de control

Derecho a presentar una reclamación ante una autoridad de control	• 1. Sin perjuicio de cualquier otro recurso administrativo o acción judicial, los Estados miembros dispondrán que todo interesado tenga derecho a presentar una reclamación ante una única autoridad de control, si considera que el tratamiento de sus datos personales infringe las disposiciones adoptadas en virtud de la DPDPISP.
	• 2. Los Estados miembros dispondrán que, si la reclamación no se presenta ante la autoridad de control que sea competente según el artículo 45, apartado 1, de la DPDPISP, la autoridad de control ante la que se haya presentado la reclamación la transmita a la autoridad de control competente sin dilación indebida. Se informará al interesado de la transmisión.
	• 3. Los Estados miembros dispondrán que la autoridad de control ante la que se haya presentado la reclamación proporcione asistencia adicional a petición del interesado.
	• 4. La autoridad de control competente informará al interesado sobre el curso y el resultado de la reclamación, inclusive sobre la posibilidad de la tutela judicial en virtud del artículo 53 de la DPDPISP.

Referencia normativa: art. 52 de la DPDPISP.

§ 98. Derecho a la tutela judicial efectiva contra una autoridad de control

| Derecho a la tutela judicial efectiva contra una autoridad de control | • 1. Sin perjuicio de cualquier otro recurso administrativo o extrajudicial, los Estados miembros dispondrán que toda persona física o jurídica tenga derecho a la tutela judicial efectiva contra una decisión jurídicamente vinculante de una autoridad de control que le concierna.

• 2. Sin perjuicio de cualquier otro recurso administrativo o extrajudicial, todo interesado tendrá derecho a la tutela judicial efectiva en caso de que la autoridad de control competente con arreglo al artículo 45, apartado 1, de la DPDPISP, no dé curso a una reclamación o no informe al interesado en el plazo de tres meses sobre el curso o el resultado de la reclamación presentada en virtud del artículo 52 de la DPDPISP.

• 3. Los Estados miembros dispondrán que las acciones contra una autoridad de control deban ejercitarse ante los órganos jurisdiccionales del Estado miembro en que esté establecida la autoridad de control. |

Referencia normativa: art. 53 de la DPDPISP.

§ 99. Derecho a la tutela judicial efectiva contra el responsable o el encargado del tratamiento

Derecho a la tutela judicial efectiva contra el responsable o el encargado del tratamiento	• Sin perjuicio de los recursos administrativos o extrajudiciales disponibles, incluido el derecho a presentar una reclamación ante una autoridad de control con arreglo al artículo 52 de la DPDPISP los Estados miembros reconocerán el derecho que asiste a todo interesado a la tutela judicial efectiva si considera que sus derechos establecidos en disposiciones adoptadas con arreglo a la DPDPISP han sido vulnerados como consecuencia de un tratamiento de sus datos personales no conforme con esas disposiciones.

Referencia normativa: art. 54 de la DPDPISP.

§ 100. Representación de los interesados

Representación de los interesados

Los Estados miembros, de conformidad con el Derecho procesal del Estado miembro, dispondrán que el interesado tenga derecho a dar mandato a una entidad, organización o asociación sin ánimo de lucro, que haya sido correctamente constituida con arreglo al Derecho del Estado miembro, cuyos objetivos estatutarios sean de interés público y que actúe en el ámbito de la protección de los derechos y libertades de los interesados en materia de protección de sus datos personales, para que presente la reclamación en su nombre y ejerza los derechos contemplados en los artículos 52, 53 y 54 de la DPDPISP en su nombre.

Referencia normativa: art. 55 de la DPDPISP.

§ 101. Derecho a indemnización

<table>
<tr><td align="center">Derecho a indemnización</td></tr>
<tr><td>Los Estados miembros dispondrán que toda persona que haya sufrido daños y perjuicios materiales o inmateriales como consecuencia de una operación de tratamiento ilícito o de cualquier acto que vulnere las disposiciones nacionales adoptadas con arreglo a la DPDPISP tenga derecho a recibir una indemnización del responsable o de cualquier autoridad competente en virtud del Derecho del Estado miembro por los daños y perjuicios sufridos.</td></tr>
</table>

Referencia normativa: art. 56 de la DPDPISP.

§ 102. Derecho a indemnización por entes del sector público

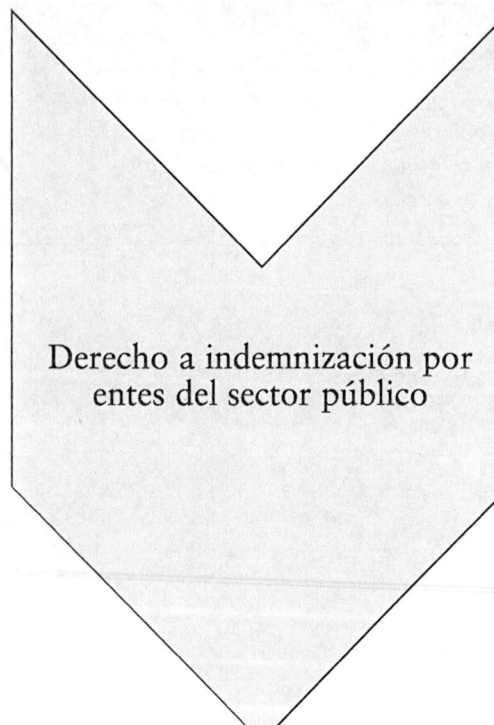

Derecho a indemnización por entes del sector público

- 1. Los interesados tendrán derecho a ser indemnizados por el responsable del tratamiento, o por el encargado del tratamiento cuando formen parte del sector público, en el caso de que sufran daño o lesión en sus bienes o derechos como consecuencia del incumplimiento de lo dispuesto en la LOPDPISP.
- 2. Cuando quien incumpla lo dispuesto en la LOPDPISP tenga la consideración de Administración pública, la responsabilidad se exigirá de acuerdo con la legislación reguladora del régimen de responsabilidad patrimonial previsto en la normativa sobre el procedimiento administrativo común de las Administraciones públicas y sobre el régimen jurídico del sector público.
- 3. En el caso de que la actuación provenga de un órgano judicial o del Ministerio Fiscal cuando se realice el tratamiento con fines jurisdiccionales la responsabilidad se regirá por lo dispuesto en el Título V del Libro III de la Ley Orgánica 6/1985, de 1 de julio, del Poder Judicial.

Referencia normativa: art. 53 LOPDPISP.

§ 103. Derecho a indemnización por encargados del tratamiento del sector privado

Derecho a indemnización por encargados del tratamiento del sector privado
• 1. Los interesados que sufran daño o lesión en sus bienes o derechos por parte del encargado del tratamiento que no forme parte del sector público, como consecuencia del incumplimiento de lo dispuesto en la LOPDPISP, tendrán derecho a ser indemnizados.
• 2. El encargado del tratamiento estará obligado a indemnizar todos los daños y perjuicios que cause a los interesados o a terceros como resultado de las operaciones de tratamientos de datos previstas en el contrato u otro instrumento o acto jurídico suscrito con el responsable del tratamiento conforme al artículo 30 de la LOPDPISP, de conformidad con el régimen de responsabilidad del contratista por los daños causados a terceros regulado en la normativa sobre contratos del sector público.
• 3. Cuando tales daños y perjuicios hayan sido ocasionados como consecuencia inmediata y directa de una orden de la autoridad competente responsable del tratamiento, será esta la responsable.
• 4. Los interesados o los terceros perjudicados podrán requerir al responsable del tratamiento, dentro del año siguiente a la producción del hecho, para que informe, una vez oído el encargado del tratamiento, acerca de a cuál de las partes contratantes o de las que hayan suscrito el acto jurídico conforme al artículo 30 de la LOPDPISP, corresponde la responsabilidad de los daños. El ejercicio de esta facultad interrumpe el plazo de prescripción de la acción.
• 5. Con independencia de lo previsto en los apartados anteriores, el encargado del tratamiento que no forme parte del sector público responderá de los daños y perjuicios que durante las operaciones de tratamiento de datos cause. Deberá hacerlo tanto respecto del responsable del tratamiento, como respecto del interesado o de terceros por incumplimientos de la LOPDPISP, de infracciones de preceptos legales o reglamentarios, o por el incumplimiento de las previsiones contenidas en el contrato o en otro acto jurídico suscrito. El encargado del tratamiento que no forme parte del sector público deberá haber incurrido en actuaciones que le sean imputables, sin perjuicio de la aplicación del régimen sancionador, en su caso.

Referencia normativa: art. 54 de la LOPDPISP.

§ 104. Régimen aplicable a los procedimientos tramitados ante las autoridades de protección de datos

Régimen aplicable a los procedimientos tramitados ante las autoridades de protección de datos
• 1. En el caso de que los interesados aprecien que el tratamiento de los datos personales haya infringido las disposiciones de la LO-PDPISP o no haya sido atendida su solicitud de ejercicio de los derechos reconocidos en los artículos 21, 22 y 23 de la LOPDPISP tendrán derecho a presentar una reclamación ante la autoridad de protección de datos.
• 2. Dichas reclamaciones serán tramitadas por la autoridad de protección de datos competente con sujeción al procedimiento establecido en el título VIII de la Ley Orgánica 3/2018, de 5 de diciembre, y, en su caso, a la legislación de las Comunidades Autónomas que resulte de aplicación. Tendrán carácter subsidiario las normas generales sobre los procedimientos administrativos y el régimen jurídico del sector público.
• 3. En el caso de que la actuación provenga de un órgano judicial o del Ministerio Fiscal cuando se realice el tratamiento con fines jurisdiccionales la responsabilidad se regirá por lo dispuesto en el Título V del Libro III de la Ley Orgánica 6/1985, de 1 de julio, del Poder Judicial.
• 4. Sin perjuicio de lo dispuesto en el artículo 55 de la LOPDPISP, todo interesado tendrá derecho a interponer recurso contencioso-administrativo, de acuerdo con su normativa reguladora, en caso de que la autoridad de protección de datos competente no dicte resolución expresa y se la notifique en el plazo de tres meses.

Referencia normativa: art. 52 de la LOPDPISP.

§ 105. Tutela judicial efectiva

Tutela judicial efectiva

Sin perjuicio de cualquier otro recurso administrativo o reclamación, toda persona física o jurídica tendrá derecho a recurrir ante la jurisdicción contencioso-administrativa, de acuerdo con su legislación reguladora, contra los actos y resoluciones dictadas por la autoridad de protección de datos competente.

El interesado podrá conferir su representación a una entidad, organización o asociación sin ánimo de lucro que haya sido correctamente constituida, cuyos objetivos estatutarios sean de interés público y que actúe en el ámbito de la protección de los derechos y libertades de los interesados en materia de protección de sus datos personales, para que ejerza los derechos contemplados en el apartado anterior.

Referencia normativa: art. 55 de la LOPDPDISP.

Capítulo XIII
RÉGIMEN SANCIONADOR

§ 106. Régimen sancionador

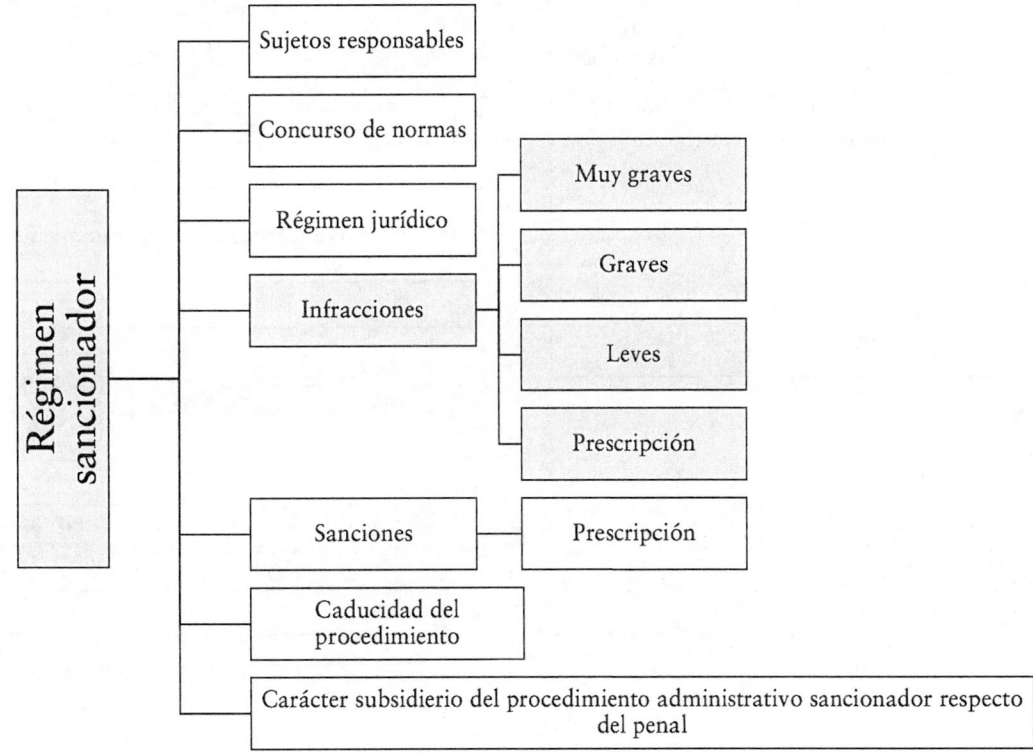

Referencia normativa: Capítulo VIII de la LOPDPISP.

§ 107. Sujetos responsables

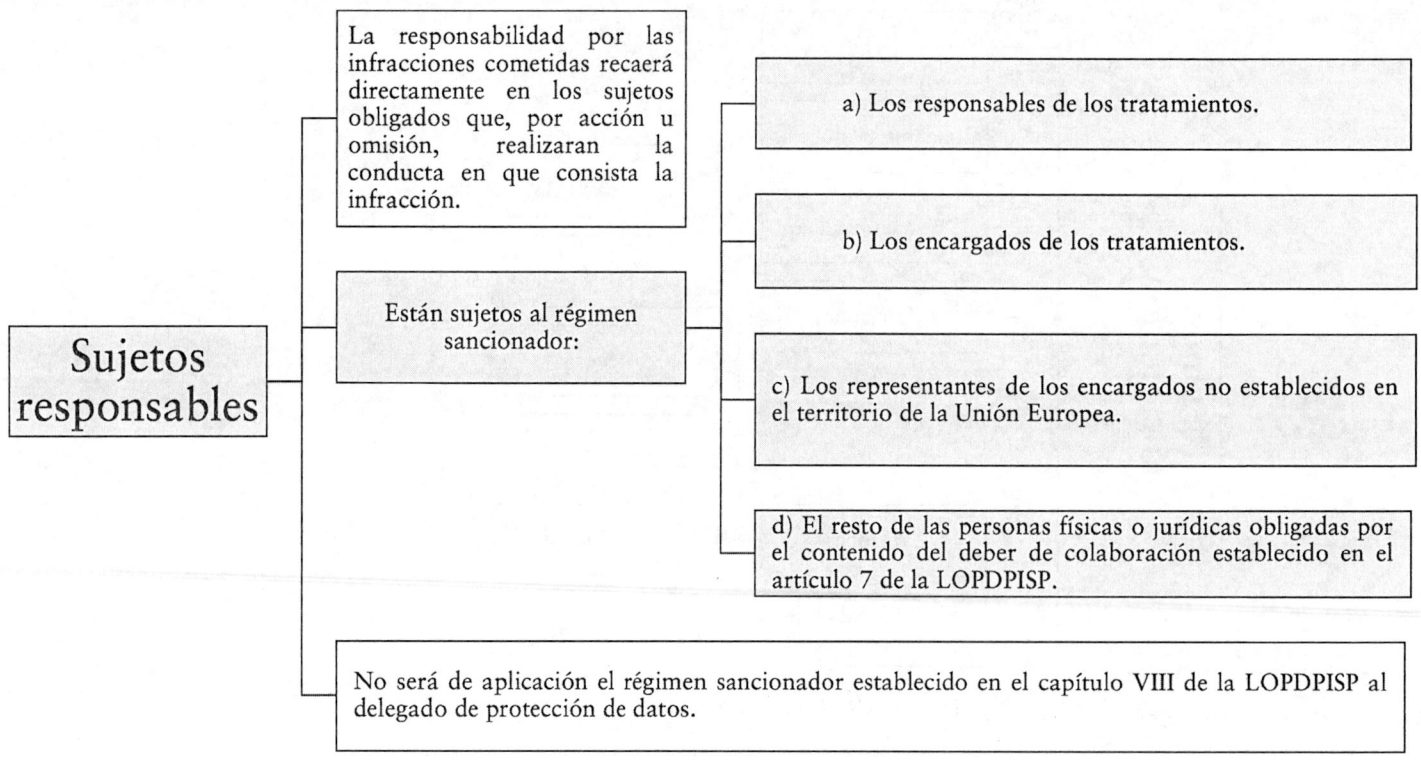

Sujetos responsables

La responsabilidad por las infracciones cometidas recaerá directamente en los sujetos obligados que, por acción u omisión, realizaran la conducta en que consista la infracción.

Están sujetos al régimen sancionador:

a) Los responsables de los tratamientos.

b) Los encargados de los tratamientos.

c) Los representantes de los encargados no establecidos en el territorio de la Unión Europea.

d) El resto de las personas físicas o jurídicas obligadas por el contenido del deber de colaboración establecido en el artículo 7 de la LOPDPISP.

No será de aplicación el régimen sancionador establecido en el capítulo VIII de la LOPDPISP al delegado de protección de datos.

Referencia normativa: art. 56 de la LOPDPISP.

§ 108. Concurso de normas

Concurso de normas	• Los hechos susceptibles de ser calificados con arreglo a dos o más preceptos de esta u otra Ley, siempre que no constituyan infracciones al Reglamento General de Protección de Datos, ni a la Ley Orgánica 3/2018, de 5 de diciembre, se sancionarán observando las siguientes reglas: a) El precepto especial se aplicará con preferencia al general. b) El precepto más amplio o complejo absorberá el que sancione las infracciones subsumidas en aquel. c) En defecto de los criterios anteriores, se aplicará el precepto que sancione los hechos con la sanción mayor. • En el caso de que un solo hecho constituya dos o más infracciones, o cuando una de ellas sea medio necesario para cometer la otra, la conducta será sancionada por aquella infracción que conlleve una mayor sanción.

Referencia normativa: art. 57 de la LOPDPISP.

§ 109. Infracciones muy graves I

Infracciones muy graves I					
a) El tratamiento de datos personales que vulnere los principios y garantías establecidos en el artículo 6 o sin que concurra alguna de las condiciones de licitud del tratamiento establecidas en el artículo 11 de la LOPDPISP, siempre que se causen perjuicios de carácter muy grave a los interesados.	b) El acceso, cesión, alteración y divulgación de los datos al margen de los supuestos autorizados por el responsable o encargado de los datos, siempre que no constituya ilícito penal.	c) La transferencia temporal o definitiva de datos de carácter personal con destino a Estados que no sean miembros de la Unión Europea o a destinatarios que no sean autoridades competentes, establecidos en dichos Estados incumpliendo las condiciones previstas en los artículos 43 y 47 de la LOPDPISP.	d) La utilización de los datos para una finalidad que no sea compatible con el objetivo para el que fueron recogidos o cuando no se cumplan las condiciones establecidas en el artículo 6 de la LOPDPISP, siempre que no se cuente con una base legal para ello.	e) El tratamiento de datos personales de las categorías especiales sin que concurra alguna de las circunstancias previstas en el artículo 13 de la LOPDPISP o sin garantizar las medidas de seguridad adecuadas, que cause perjuicios graves a los interesados.	f) La omisión del deber de informar al interesado acerca del tratamiento de sus datos de carácter personal conforme a lo dispuesto en la LOPDPISP.

Referencia normativa: art. 58 de la LOPDPISP.

§ 110. Infracciones muy graves II

Infracciones muy graves II			
g) La vulneración del deber de confidencialidad del encargado del tratamiento, establecido en el artículo 30 de la LOPDPISP.	h) La adopción de decisiones individuales automatizadas sin las garantías señaladas en el artículo 14 de la LOPDPISP, siempre que se causen perjuicios de carácter muy grave para los interesados.	i) El impedimento, la obstaculización o la falta de atención reiterada del ejercicio de los derechos del interesado de acceso, rectificación, supresión de sus datos o limitación del tratamiento, siempre que se causen perjuicios de carácter muy grave para los interesados.	j) La negativa a proporcionar a las autoridades competentes la información necesaria para la prevención, detección, investigación y enjuiciamiento de infracciones penales, para la ejecución de sanciones penales o para la protección y prevención frente a las amenazas contra la seguridad pública de acuerdo con lo previsto en el artículo 7 de la LOPDPISP, así como a informar al interesado cuando se comuniquen sus datos en virtud del deber de colaboración establecido en dicho artículo.

Referencia normativa: art. 58 de la LOPDPISP.

§ 111. Infracciones muy graves III

Infracciones muy graves III				
k) La resistencia u obstrucción del ejercicio de la función inspectora de las autoridades de protección de datos competentes.	l) La falta de notificación a las autoridades de protección de datos competentes acerca de una violación de la seguridad de los datos personales, cuando sea exigible, así como la ausencia de comunicación al interesado de una violación de la seguridad cuando sea procedente de acuerdo con el artículo 39 de la LOPDPISP, siempre que se deriven perjuicios de carácter muy grave para el interesado.	m) El incumplimiento de las resoluciones dictadas por las autoridades de protección de datos competentes, en el ejercicio de las potestades que le confiere el artículo 50 de la LOPDPISP.	n) No facilitar el acceso del personal de las autoridades de protección de datos competentes a los datos personales, información, locales, equipos y medios de tratamiento, cuando sean requeridos por las mismas, en el ejercicio de sus poderes de investigación.	ñ) El incumplimiento de los plazos de conservación y revisión establecidos en virtud del artículo 8 de la LOPDPISP.

Referencia normativa: art. 58 de la LOPDPISP.

§ 112. Infracciones graves I

Infracciones graves I				
a) El tratamiento de los datos de carácter personal cuando se incumplan los principios del artículo 6 o las condiciones de licitud del tratamiento del artículo 11 de la LOPDPISP, siempre que no constituya una infracción muy grave.	b) El tratamiento de datos personales de las categorías especiales sin que concurra alguna de las circunstancias previstas en el artículo 13 de la LOPDPISP o sin garantizar las medidas de seguridad adecuadas, siempre que no constituya una infracción muy grave.	c) La adopción de decisiones individuales automatizadas sin las garantías señaladas en el artículo 14 LOPDPISP, siempre que no constituya una infracción muy grave.	d) La falta de designación de un delegado de protección de datos en los términos previstos en el artículo 40 de la LOPDPISP o no posibilitar la efectiva participación del mismo en todas las cuestiones relativas a la protección de datos personales, no respaldarlo o interferir en el desempeño de sus funciones.	e) El incumplimiento de la puesta a disposición al interesado de la información prevista en el artículo 21 de la LOPDPISP o del deber de comunicación al mismo, o a la autoridad de protección de datos competente, de una violación de la seguridad de los datos, que entrañe un grave perjuicio para los derechos y libertades del interesado.

Referencia normativa: art. 59 de la LOPDPISP.

§ 113. Infracciones graves II

Infracciones graves II			
f) La ausencia de adopción de aquellas medidas técnicas y organizativas que resulten apropiadas para aplicar de forma efectiva los principios de protección de datos, incluidas las medidas oportunas desde el diseño y por defecto, así como para integrar las garantías necesarias en el tratamiento.	g) El impedimento, la falta de atención o la obstaculización de los derechos del interesado de acceso, rectificación, supresión de sus datos o limitación del tratamiento, siempre que no constituya infracción muy grave.	h) El incumplimiento de la obligación de llevanza de los registros de actividades de tratamiento o del registro de operaciones de tratamiento, si se causan perjuicios de carácter grave a los interesados.	i) El incumplimiento de las estipulaciones recogidas en el contrato u acto jurídico que vincula al responsable y al encargado del tratamiento, salvo en los supuestos en que fuese necesario para evitar la infracción de la legislación en materia de protección de datos y se hubiese advertido de ello al responsable o al encargado del tratamiento, así como el incumplimiento de las obligaciones impuestas en el artículo 30 de la LOPDPISP.

Referencia normativa: art. 59 de la LOPDPISP.

§ 114. Infracciones graves III

Infracciones graves III			
j) La falta de colaboración diligente con las autoridades competentes en el cumplimiento de las obligaciones establecidas en el artículo 7 de la LOPDPISP, cuando no constituya una infracción muy grave.	k) La falta de cooperación, la actuación negligente o el impedimento de la función inspectora de las autoridades de protección de datos competentes, cuando no constituya infracción muy grave.	l) El incumplimiento de la evaluación de impacto en la protección de los datos de carácter personal, si se derivan perjuicios o riesgos de carácter grave para los interesados.	m) El tratamiento de datos personales sin haber consultado previamente a la autoridad de protección de datos competente, en los casos en que dicha consulta resulte preceptiva conforme al artículo 36 de la LOPDPISP.

Referencia normativa: art. 59 de la LOPDPISP.

§ 115. Infracciones leves I

Infracciones leves I

| a) La afectación leve de los derechos de los interesados como consecuencia de la ausencia de la debida diligencia o del carácter inadecuado o insuficiente de las medidas técnicas y organizativas que se hubiesen implantado. | b) El incumplimiento del principio de transparencia de la información o del derecho de información del interesado establecido en el artículo 21 de la LOPDPISP cuando no se facilite toda la información exigida en la LOPDPISP. | c) La inobservancia de la obligación de informar al interesado y a los destinatarios a los que se hayan comunicado o de los que procedan los datos personales rectificados, suprimidos o respecto de los que se haya limitado el tratamiento, conforme a lo establecido en el artículo 23 de la LOPDPISP. | d) El incumplimiento de la llevanza de registros de actividades de tratamiento o del registro de operaciones o que los mismos no incorporen toda la información exigida legalmente, siempre que no constituya infracción grave. |

Referencia normativa: art. 60 de la LOPDPISP.

§ 116. Infracciones leves II

Infracciones leves II

| e) El incumplimiento de la obligación de suprimir los datos referidos a una persona fallecida cuando fuera exigible legalmente. | f) La falta de formalización por los corresponsables del tratamiento del acuerdo que determine las obligaciones, funciones y responsabilidades respectivas, a propósito del tratamiento de datos personales y de sus relaciones con los interesados, así como la inexactitud o la falta de concreción en la determinación de las mismas. | g) El incumplimiento de la obligación del encargado del tratamiento de informar al responsable del tratamiento acerca de una posible infracción de las disposiciones de la LOPDPISP, como consecuencia de una instrucción recibida de este. |

Referencia normativa: art. 60 de la LOPDPISP.

§ 117. Infracciones leves III

Infracciones leves III

| h) La notificación incompleta o defectuosa a la autoridad de protección de datos competente de la información relacionada con una violación de seguridad de los datos personales, el incumplimiento de la obligación de documentarla o del deber de comunicar al interesado su existencia, cuando no constituya una infracción grave. | i) La aportación de información inexacta o incompleta a la autoridad de protección de datos competente, en los supuestos en los que el responsable del tratamiento deba elevarle una consulta previa. | j) La falta de publicación de los datos de contacto del delegado de protección de datos, o la ausencia de comunicación de su designación y cese a la autoridad de protección de datos competente, de conformidad con el artículo 40 de la LOPDPISP, cuando su nombramiento sea exigible de acuerdo con la LOPDPISP. |

Referencia normativa: art. 60 de la LOPDPISP.

§ 118. Régimen Jurídico

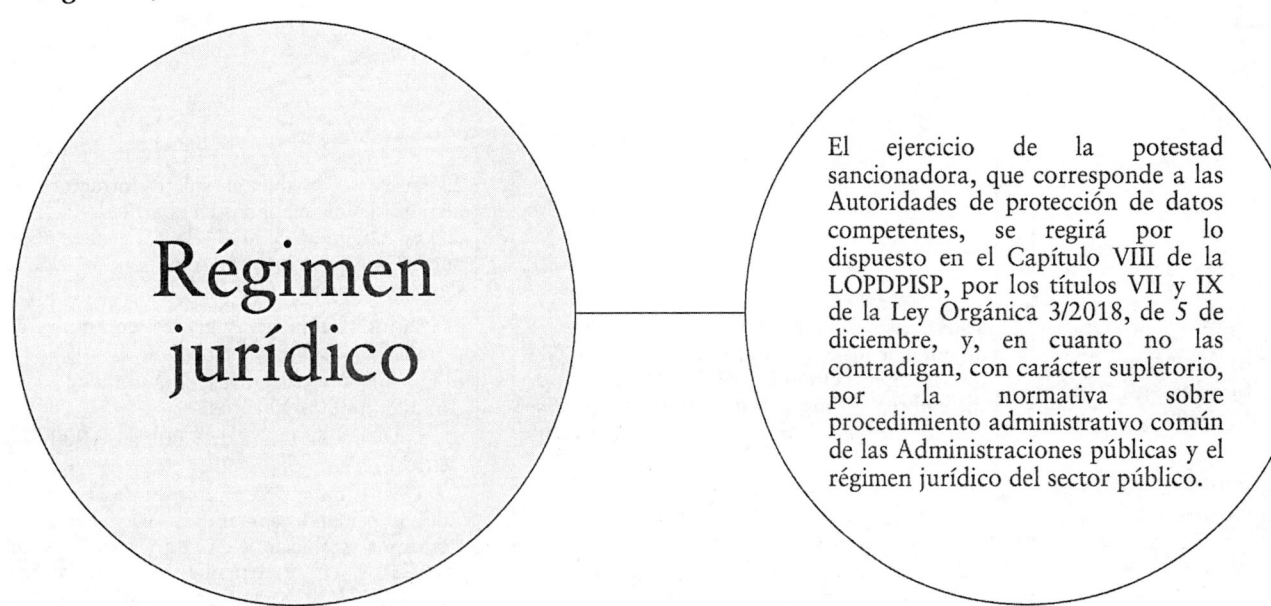

Régimen jurídico

El ejercicio de la potestad sancionadora, que corresponde a las Autoridades de protección de datos competentes, se regirá por lo dispuesto en el Capítulo VIII de la LOPDPISP, por los títulos VII y IX de la Ley Orgánica 3/2018, de 5 de diciembre, y, en cuanto no las contradigan, con carácter supletorio, por la normativa sobre procedimiento administrativo común de las Administraciones públicas y el régimen jurídico del sector público.

Referencia normativa: art. 61 de la LOPDPISP.

§ 119. Sanciones

Sanciones

Por la comisión de las infracciones tipificadas en la LOPDPISP se impondrán las siguientes sanciones:

1. En caso de que el sujeto responsable sea algunos de los enumerados en el artículo 77.1 de la Ley Orgánica 3/2018, de 5 de diciembre, se impondrán las sanciones y se adoptarán las medidas establecidas en dicho artículo.

2. En caso de que el sujeto infractor sea distinto de los señalados en el artículo 77.1 de la Ley Orgánica 3/2018, de 5 de diciembre, podrá ser sancionado, con multa de la siguiente cuantía:

a) Las infracciones muy graves, con multa de 360.001 a 1.000.000 euros.

b) Las infracciones graves, con multa de 60.001 a 360.000 euros.

c) Las leves, con multa de 6.000 a 60.000 euros.

A efectos de la determinación de la cuantía de la sanción, se tendrán en cuenta los criterios establecidos en el artículo 83.2 del RGPD y en el artículo 76.2 de la Ley Orgánica 3/2018, de 5 de diciembre.

Referencias normativas: art. 57 de la DPDPISP y art. 62 de la LOPDPISP.

§ 120. Prescripción de las infracciones

Prescripción de las infracciones			
Plazos	**Cómputo de los plazos**	**Interrupción I**	**Interrupción II**
Las infracciones administrativas tipificadas en la LOPDPISP prescribirán a los seis meses, a los dos o a los tres años de haberse cometido, según sean leves, graves o muy graves, respectivamente.	Los plazos señalados en la LOPDPISP se computarán desde el día en que se haya cometido la infracción. No obstante, en los casos de infracciones continuadas o permanentes, los plazos se computarán desde que finalizó la conducta infractora.	Interrumpirá la prescripción la iniciación, con conocimiento del interesado, del procedimiento sancionador, reiniciándose el plazo de prescripción si el expediente sancionador estuviere paralizado durante más de seis meses por causas no imputables al presunto infractor.	Se interrumpirá igualmente la prescripción como consecuencia de la apertura de un procedimiento judicial penal, hasta que la autoridad judicial comunique al órgano administrativo su finalización.

Referencia normativa: art. 63.1 de la LOPDPISP.

§ 121. Prescripción de las sanciones

Prescripción de las sanciones	
Plazos Las sanciones impuestas por infracciones muy graves prescribirán a los tres años, las impuestas por infracciones graves, a los dos años, y las impuestas por infracciones leves al año, computados desde el día siguiente a aquel en que adquiera firmeza en vía administrativa la resolución por la que se impone la sanción.	**Interrupción** La prescripción se interrumpirá por la iniciación, con conocimiento del interesado, del procedimiento de ejecución, volviendo a transcurrir el plazo si el mismo está paralizado durante más de seis meses por causa no imputable al infractor.

Referencia normativa: art. 63.2 de la LOPDPISP.

§ 122. Caducidad del procedimiento

Caducidad del procedimiento	
1. El procedimiento caducará transcurridos seis meses desde su incoación sin que se haya notificado la resolución, debiendo, no obstante, tenerse en cuenta en el cómputo las posibles paralizaciones por causas imputables al interesado o la suspensión que debiera acordarse por la existencia de un procedimiento judicial penal, cuando concurra identidad de sujeto, hecho y fundamento, hasta la finalización de este.	2. La resolución que declare la caducidad se notificará al interesado y pondrá fin al procedimiento, sin perjuicio de que la administración pueda acordar la incoación de un nuevo procedimiento en tanto no haya prescrito la infracción. Los procedimientos caducados no interrumpirán el plazo de prescripción.

Referencia normativa: art. 64 de la LOPDPISP.

§ 123. Carácter subsidiario del procedimiento administrativo sancionador respecto del penal

| Carácter subsidiario del procedimiento administrativo sancionador respecto del penal | 1. No podrán sancionarse los hechos que hayan sido sancionados penal o administrativamente cuando se aprecie identidad de sujeto, de hecho y de fundamento.

2. En los supuestos en que las conductas pudieran ser constitutivas de delito, el órgano administrativo pasará el tanto de culpa a la autoridad judicial o al Ministerio Fiscal y se abstendrá de seguir el procedimiento sancionador mientras la autoridad judicial no dicte sentencia firme o resolución que de otro modo ponga fin al procedimiento penal, o el Ministerio Fiscal no acuerde la improcedencia de iniciar o proseguir las actuaciones en vía penal, quedando hasta entonces interrumpido el plazo de prescripción.

La autoridad judicial y el Ministerio Fiscal comunicarán al órgano administrativo la resolución o acuerdo que hubieran adoptado.

3. De no haberse estimado la existencia de ilícito penal, o en el caso de haberse dictado resolución de otro tipo que ponga fin al procedimiento penal, podrá iniciarse o proseguir el procedimiento sancionador. En todo caso, el órgano administrativo quedará vinculado por los hechos declarados probados en vía judicial.

4. Las medidas cautelares adoptadas antes de la intervención judicial podrán mantenerse mientras la autoridad judicial no resuelva otra cosa. |

Referencia normativa: art. 65 de la LOPDPISP.

Capítulo XIV
ACTOS DE EJECUCIÓN

§ 124. Actos de ejecución

Actos de ejecución en el TFUE		Actos ejecución en la DPDPISP	
Naturaleza jurídica: acto no legislativo, cuando se requieren condiciones uniformes de ejecución de los actos jurídicamente vinculantes de la Unión Europea.	Regulación: art. 291 TFUE.	Las referencias a operaciones de tratamiento ilícitas o que incumplan las disposiciones adoptadas en virtud de la DPDPISP abarcan asimismo las operaciones de tratamiento que incumplan actos de ejecución adoptados en virtud de la DPDPISP (considerando 88).	Regulación: Capítulo IX de la DPDPISP.

Referencias normativas: art. 291 del TFUE y Capítulo IX, Actos de ejecución, de la DPDPISP. Ver considerandos 88; 91 y 92 de la DPDPISP.

§ 125. Procedimiento de Comité

Procedimiento de Comité

1. La Comisión estará asistida por el comité establecido por el artículo 93 del Reglamento (UE) 2016/679. Dicho comité será un comité en el sentido del Reglamento (UE) n.o 182/2011.

2. Cuando se haga referencia al presente apartado, se aplicará el artículo 5 del Reglamento (UE) n.o 182/2011.

3. Cuando se haga referencia al presente apartado, se aplicará el artículo 8 del Reglamento (UE) n.o 182/2011, en relación con su artículo 5.

Referencia normativa: art. 58 de la DPDPISP.

Capítulo XV
PLAZOS

§ 126. Plazos en la DPDPISP I

Objeto	Plazo	Arts. DPDPISP
Plazos de conservación y revisión. Los Estados miembros dispondrán que se fijen <u>plazos apropiados</u> para la supresión de los datos personales o para una revisión periódica de la necesidad de conservación de los datos personales. Las normas de procedimiento garantizarán el cumplimiento de dichos plazos.	Plazos apropiados	5
Información que debe ponerse a disposición del interesado o que se le debe proporcionar. El <u>plazo durante el cual se conservarán los datos</u> personales o, cuando esto no sea posible, los criterios utilizados para determinar ese plazo;	Plazo de conservación	13.2.b)
Derecho de acceso del interesado a los datos personales. Cuando sea posible, <u>el plazo contemplado durante el cual se conservarán los datos</u> personales o, de no ser posible, los criterios utilizados para determinar dicho plazo	Plazo de conservación	14.d)
Registros de las actividades de tratamiento. Cuando sea posible, los <u>plazos previstos para la supresión</u> de las diferentes categorías de datos personales;	Plazos previstos para la supresión de las diferentes categorías de datos	24.1.h)

Objeto	Plazo	Arts. DPDPISP
Consulta previa a la autoridad de control. Los Estados miembros dispondrán que, cuando la autoridad de control considere que el tratamiento previsto a que se refiere el apartado 1 del presente artículo podría infringir lo dispuesto en la presente Directiva, en particular cuando el responsable del tratamiento no haya identificado o mitigado suficientemente el riesgo, dicha autoridad de control deberá, en un plazo de seis semanas desde la solicitud de la consulta, asesorar por escrito al responsable del tratamiento y, en su caso, al encargado del tratamiento, y podrá ejercer cualquiera de sus poderes mencionados en el artículo 47. Este plazo podrá prorrogarse un mes, en función de la complejidad del tratamiento previsto. La autoridad de control informará al responsable y, en su caso, al encargado, de tal prórroga en el plazo de un mes a partir de la recepción de la solicitud de consulta, junto con los motivos de la dilación.	Plazo de seis semanas Prórroga de un mes Plazo de un mes	28.5

§ 127. Plazos en la DPDPISP II

Objeto	Plazo	Arts. DPDPISP
Notificación a la autoridad de control de una violación de la seguridad de los datos personales. Los Estados miembros dispondrán que, en caso de violación de la seguridad de los datos personales, el responsable del tratamiento la notificará a la autoridad de control <u>sin dilación indebida, y, de ser posible, a más tardar 72 horas</u> después de que haya tenido constancia de ella, a menos que sea improbable que la violación de la seguridad de los datos personales constituya un riesgo para los derechos y las libertades de las personas físicas. Si la notificación a la autoridad de control no se hace en el <u>plazo de 72 horas</u>, deberá ir acompañada de los motivos de la dilación.	Sin dilación indebida, y, de ser posible, a más tardar 72 horas	30.1
Transferencias de datos personales a destinatarios establecidos en terceros países. La autoridad competente de la transferencia considere que la transferencia a una autoridad competente del tercer país a los fines que contempla el artículo 1, apartado 1, resulta ineficaz o inadecuada, sobre todo porque no pueda efectuarse <u>dentro de plazo.</u>	Dentro de plazo	39.1.c)
Funciones de la autoridad de control. Tratar las reclamaciones presentadas por un interesado o un organismo, organización o asociación de conformidad con el artículo 55, e investigar, en la medida oportuna, el motivo de la reclamación e informar al reclamante sobre el curso y el resultado de la investigación <u>en un plazo razonable</u>, en particular si fueran necesarias nuevas investigaciones o una coordinación más estrecha con otra autoridad de control. Controlar la licitud del tratamiento con arreglo a lo dispuesto en el artículo 17 e informar al interesado <u>en un plazo razonable</u> sobre el resultado del control, de conformidad con el artículo 17, apartado 3, o sobre los motivos por los que no se ha llevado a cabo.	En un plazo razonable	46.1.f) y 46.1.g)

Objeto	Plazo	Arts. DPDPISP
Poderes de la autoridad de control. Ordenar al responsable o encargado del tratamiento que haga conformes las operaciones de tratamiento a las disposiciones adoptadas con arreglo a la presente Directiva, si procede, de una determinada manera y dentro de un <u>plazo especificado</u>, en particular ordenando la rectificación o la supresión de datos personales, o la limitación de su tratamiento con arreglo al artículo 16.	Plazo especificado	47.2.b)
Asistencia mutua. Los Estados miembros dispondrán que cada autoridad de control adopte todas las medidas apropiadas requeridas para responder a la solicitud de otra autoridad de control sin dilación indebida y a más tardar en el <u>plazo de un mes</u> tras haber recibido la solicitud. Dichas medidas podrán incluir, en particular, la transmisión de información pertinente sobre el desarrollo de una investigación.	Plazo de un mes	50.2

§ 128. Plazos en la DPDPISP III

Objeto	Plazo	Arts. DPDPISP
Funciones del Comité Europeo de Protección de Datos. Cuando la Comisión solicite asesoramiento del Comité Europeo de Protección de Datos podrá señalar un <u>plazo teniendo en cuenta la urgencia del asunto</u>.	Plazo teniendo en cuenta la urgencia del asunto	51.2
Derecho a la tutela judicial efectiva contra una autoridad de control. Sin perjuicio de cualquier otro recurso administrativo o extrajudicial, todo interesado tendrá derecho a la tutela judicial efectiva en caso de que la autoridad de control competente con arreglo al artículo 45, apartado 1, no dé curso a una reclamación o no informe al interesado en el <u>plazo de tres meses</u> sobre el curso o el resultado de la reclamación presentada en virtud del artículo 52.	Plazo de tres meses	53.2
Transposición. 1. Los Estados miembros adoptarán y publicarán, <u>a más tardar el 6 de mayo de 2018</u>, las disposiciones legales, reglamentarias y administrativas necesarias para dar cumplimiento a lo establecido en la presente Directiva. Comunicarán inmediatamente a la Comisión el texto de dichas disposiciones. Aplicarán dichas disposiciones a partir del 6 de mayo de 2018. Cuando los Estados miembros adopten dichas disposiciones, estas harán referencia a la presente Directiva o irán acompañadas de dicha referencia en su publicación oficial. Los Estados miembros establecerán las modalidades de la mencionada referencia. 2. No obstante lo dispuesto en el apartado 1, los Estados miembros podrán disponer que excepcionalmente y cuando suponga un esfuerzo desproporcionado, los sistemas de tratamiento automatizado establecidos con anterioridad al 6 de mayo de 2016 sean conformes con el artículo 25, apartado 1, <u>antes del 6 de mayo de 2023</u>.	6 de mayo de 2018 6 de mayo de 2023 Dentro de un plazo determinado 6 de mayo de 2026	63

Objeto	Plazo	Arts. DPDPISP
3. No obstante lo dispuesto en los apartados 1 y 2 del presente artículo, en circunstancias excepcionales, un Estado miembro podrá adaptar al artículo 25, apartado 1, un sistema de tratamiento automatizado a que se refiere el apartado 2 del presente artículo <u>dentro de un plazo determinado</u> después del período previsto en el apartado 2 del presente artículo, si de no hacer así surgieran serias dificultades para el funcionamiento de ese sistema de tratamiento automatizado concreto. Notificará a la Comisión los motivos de esas serias dificultades así como los del período específico dentro del cual adaptará ese sistema de tratamiento automatizado concreto a lo dispuesto en el artículo 25, apartado 1. En cualquier caso, el período determinado no podrá ser posterior al <u>6 de mayo de 2026</u>. 4. Los Estados miembros comunicarán a la Comisión el texto de las principales disposiciones de Derecho interno que adopten en el ámbito regulado por la presente Directiva.		

§ 129. Plazos en la LOPDPISP I

Objeto	Plazo	Arts. LOPDPISP
Plazos de conservación y revisión. 1. El responsable del tratamiento determinará que la conservación de los datos personales tenga lugar sólo durante el tiempo necesario para cumplir con los fines previstos en el artículo 1. 2. El responsable del tratamiento deberá revisar la necesidad de conservar, limitar o suprimir el conjunto de los datos personales contenidos en cada una de las actividades de tratamiento bajo su responsabilidad, como máximo cada tres años, atendiendo especialmente en cada revisión a la edad del afectado, el carácter de los datos y a la conclusión de una investigación o procedimiento penal. Si es posible, se hará mediante el tratamiento automatizado apropiado. 3. Con carácter general, el plazo máximo para la supresión de los datos será de veinte años, salvo que concurran factores como la existencia de investigaciones abiertas o delitos que no hayan prescrito, la no conclusión de la ejecución de la pena, reincidencia, necesidad de protección de las víctimas u otras circunstancias motivadas que hagan necesario el tratamiento de los datos para el cumplimiento de los fines del artículo 1.	Plazo máximo de supresión: 20 años	8
Dispositivos móviles. En estos supuestos de dispositivos móviles, las autorizaciones no se podrán conceder en ningún caso con carácter indefinido o permanente, siendo otorgadas por el plazo adecuado a la naturaleza y las circunstancias derivadas del peligro o evento concreto, por un periodo máximo de un mes prorrogable por otro. En casos de urgencia o necesidad inaplazable será el responsable operativo de las Fuerzas y Cuerpos de Seguridad competentes el que podrá determinar su uso, siendo comunicada tal actuación con la mayor brevedad posible, y siempre en el plazo de 24 horas, al Delegado o Subdelegado del Gobierno o autoridad competente de las comunidades autónomas.	Plazo adecuado Plazo de 24 horas	17.2 y 17.3

Objeto	Plazo	Arts. LOPDPISP
Tratamiento y conservación de las imágenes. Realizada la filmación de acuerdo con los requisitos establecidos en esta Ley Orgánica, si la grabación captara la comisión de hechos que pudieran ser constitutivos de infracciones penales, las Fuerzas y Cuerpos de Seguridad pondrán la cinta o soporte original de las imágenes y sonidos en su integridad, a disposición judicial a la mayor brevedad posible y, en todo caso, en el plazo máximo de setenta y dos horas desde su grabación. De no poder redactarse el atestado en tal plazo, se relatarán verbalmente los hechos a la autoridad judicial, o al Ministerio Fiscal, junto con la entrega de la grabación. Las grabaciones serán destruidas en el plazo máximo de tres meses desde su captación, salvo que estén relacionadas con infracciones penales o administrativas graves o muy graves en materia de seguridad pública, sujetas a una investigación policial en curso o con un procedimiento judicial o administrativo abierto.	Plazo máximo de 72 horas Plazo máximo de tres meses	18.1 y 18.3

§ 130. Plazos en la LOPDPISP II

Objeto	Plazo	Arts. LOPDPISP
Condiciones generales de ejercicio de los derechos de los interesados. El responsable del tratamiento informará por escrito al interesado, sin dilación indebida, sobre el curso dado a su solicitud. La solicitud se entenderá desestimada si transcurrido <u>un mes</u> desde su presentación no ha sido resuelta expresamente y notificada al interesado. En todo caso se considerará que la solicitud es repetitiva cuando se realicen tres solicitudes sobre el mismo supuesto durante el <u>plazo de seis meses</u>, salvo que exista causa legítima para ello. Cuando el responsable del tratamiento tenga dudas razonables acerca de la identidad de la persona física que formula la solicitud a la que se refieren los artículos 22 y 23, le requerirá para que facilite la información complementaria que resulte necesaria para confirmar su identidad en el <u>plazo de diez días</u>. Transcurrido dicho plazo sin que se aporte la información, se le tendrá por desistido de su petición mediante resolución motivada. El plazo al que se refiere el apartado 4 comenzará a computarse desde la fecha en la que se facilite dicha información complementaria.	1 mes 6 meses 10 días	20.4; 20.5 y 20.6
Información que debe ponerse a disposición del interesado. El <u>plazo durante el cual se conservarán los datos</u> personales o, cuando esto no sea posible, los criterios utilizados para determinar ese plazo.	Plazo de conservación de los datos	21.2.b)
Derecho de acceso del interesado a sus datos personales. El <u>plazo de conservación de los datos</u> personales, cuando sea posible, o, en caso contrario, los criterios utilizados para determinar dicho plazo. Cuando el responsable trate una gran cantidad de información relativa al interesado y éste ejercite su derecho de acceso sin especificar si se refiere a todos o a una parte de los datos, el responsable podrá requerir al interesado que concrete la solicitud en <u>el plazo de diez días.</u>	Plazo de conservación de los datos Requerir por plazo de 10 días	22.1.d) y 22.2

Objeto	Plazo	Arts. LOPDPISP
Derechos de rectificación, supresión de datos personales y limitación de su tratamiento. El responsable del tratamiento, a iniciativa propia o como consecuencia del ejercicio del derecho de supresión del interesado, suprimirá los datos personales sin dilación indebida y, en todo caso, en el <u>plazo máximo de un mes</u> a contar desde que tenga conocimiento, cuando el tratamiento infrinja los artículos 6, 11 o 13, o cuando los datos personales deban ser suprimidos en virtud de una obligación legal a la que esté sujeto.	Plazo máximo de 1 mes	23.2

§ 131. Plazos en la LOPDPISP III

Objeto	Plazo	Arts. LOPDPISP
Restricciones a los derechos de información, acceso, rectificación, supresión de datos personales y a la limitación de su tratamiento. En caso de restricción de los derechos contemplados en los artículos 22 y 23, el responsable del tratamiento informará por escrito al interesado sin dilación indebida, y en todo caso, en el <u>plazo de un mes</u> a contar desde que tenga conocimiento, de dicha restricción, de las razones de la misma, así como de las posibilidades de presentar una reclamación ante la autoridad de protección de datos, sin perjuicio de las restantes acciones judiciales que pueda ejercer en virtud de lo dispuesto en esta Ley Orgánica.	1 mes	24.2
Registros de las actividades de tratamiento. Los <u>plazos previstos</u> para la supresión de las diferentes categorías de datos personales, cuando sea posible.	Plazos previstos	32.1.h)
Consulta previa a la autoridad de protección de datos. Cuando la autoridad de protección de datos considere que el tratamiento previsto en el apartado 1 pudiera infringir lo dispuesto en esta Ley Orgánica deberá, en un <u>plazo de seis semanas</u> desde la solicitud de la consulta, asesorar por escrito al responsable del tratamiento y, en su caso, al encargado del tratamiento, en especial, cuando el responsable del tratamiento no haya identificado o mitigado suficientemente el peligro o el nivel de riesgo. Asimismo, la autoridad de protección de datos podrá ejercer cualquiera de sus potestades de investigación, corrección o consulta. Este <u>plazo podrá prorrogarse un mes</u>, en función de la complejidad del tratamiento previsto. La autoridad de protección de datos informará al responsable y, en su caso, al encargado acerca de la prórroga, en el plazo de un mes a partir de la recepción de la solicitud de consulta, junto con los motivos de la dilación. En caso de no contestar a la consulta en el <u>plazo previsto</u>, no operará la presunción del carácter favorable del mismo.	6 semanas Plazo prorrogable 1 mes Plazo previsto	36.4

Objeto	Plazo	Arts. LOPDPISP
Notificación a la autoridad de protección de datos de una violación de la seguridad de los datos personales. La notificación deberá realizarse en el <u>plazo de las setenta y dos horas</u> siguientes al momento en que se haya tenido constancia de ella. En caso contrario, deberá ir acompañada de los motivos de la dilación.	72 horas	38.1
Designación del delegado de protección de datos. Los responsables del tratamiento publicarán los datos de contacto del delegado de protección de datos y comunicarán a la autoridad de protección de datos competente su designación y cese, en el <u>plazo de diez días</u> desde que se haya producido.	10 días	40.4

§ 132. Plazos en la LOPDPISP IV

Objeto	Plazo	Arts. LOPDPISP
Principios generales de las transferencias de datos personales. Las autoridades españolas informarán sin dilación a la autoridad responsable de conceder la autorización previa, y en todo caso en el <u>plazo máximo de diez días</u> a contar desde que se haya producido la transferencia.	Plazo máximo 10 días	43.2
Transferencias directas de datos personales a destinatarios, que no sean autoridades competentes, establecidos en Estados no pertenecientes a la Unión Europea. Que la autoridad competente que realiza la transferencia considere que la transferencia a una autoridad competente del Estado en el que está establecido el destinatario, con cualquiera de los fines del artículo 1, resultaría ineficaz o inadecuada, en particular porque la transferencia no pueda efectuarse <u>dentro de plazo</u>.	Dentro de plazo	47.1.c)
Funciones de las autoridades de protección de datos. Tramitar y responder las reclamaciones presentadas por un interesado o por una entidad, organización o asociación de conformidad con el artículo 55, e investigar, en la medida oportuna, el motivo de la reclamación e informar al reclamante sobre el curso y el resultado de la investigación en un <u>plazo razonable</u>. Controlar, de acuerdo con lo dispuesto en el artículo 25, la licitud del tratamiento e informar al interesado en un <u>plazo razonable</u> sobre el resultado del control o sobre los motivos por los que no se ha llevado a cabo.	Plazo razonable	49.1.f) y 49.1.g)

Objeto	Plazo	Arts. LOPDPISP
Asistencia entre autoridades de protección de datos de los Estados miembros de la Unión Europea. Las autoridades de protección de datos españolas facilitarán la asistencia y cooperación necesaria a las autoridades de protección de datos de otros Estados miembros de la Unión Europea, debiendo responder a las solicitudes de estas sin dilación indebida, y en cualquier caso, en el plazo máximo de un mes desde su recepción. La asistencia mutua abarcará, en particular, las solicitudes de información y las medidas de control, así como las solicitudes para llevar a cabo consultas, inspecciones e investigaciones.	Plazo máximo de un mes	51.1
Régimen aplicable a los procedimientos tramitados ante las autoridades de protección de datos. Sin perjuicio de lo dispuesto en el artículo 55, todo interesado tendrá derecho a interponer recurso contencioso-administrativo, de acuerdo con su normativa reguladora, en caso de que la autoridad de protección de datos competente no dicte resolución expresa y se la notifique en el plazo de tres meses.	3 meses	52.4

§ 133. Plazos en la LOPDPISP V

Objeto	Plazo	Arts. LOPDPISP
Prescripción de las infracciones y sanciones. 1. Las infracciones administrativas tipificadas en esta Ley Orgánica <u>prescribirán a los seis meses, a los dos o a los tres años</u> de haberse cometido, según sean leves, graves o muy graves, respectivamente. <u>Los plazos señalados en esta Ley Orgánica se computarán desde el día en que se haya cometido la infracción. No obstante, en los casos de infracciones continuadas o permanentes, los plazos se computarán desde que finalizó la conducta infractora.</u> Interrumpirá la prescripción la iniciación, con conocimiento del interesado, del procedimiento sancionador, reiniciándose el plazo de prescripción si el expediente sancionador estuviere paralizado durante más de seis meses por causas no imputables al presunto infractor. Se interrumpirá igualmente la prescripción como consecuencia de la apertura de un procedimiento judicial penal, hasta que la autoridad judicial comunique al órgano administrativo su finalización. 2. Las sanciones impuestas por infracciones muy graves prescribirán a los tres años, las impuestas por infracciones graves, a los dos años, y las impuestas por infracciones leves al año, computados desde el día siguiente a aquel en que adquiera firmeza en vía administrativa la resolución por la que se impone la sanción. La prescripción se interrumpirá por la iniciación, con conocimiento del interesado, del procedimiento de ejecución, volviendo a transcurrir el plazo si el mismo está paralizado durante más de seis meses por causa no imputable al infractor.	Plazos de prescripción: a los 6 meses; 2 años o tres años Cómputo Interrupción	63

Objeto	Plazo	Arts. LOPDPISP
Caducidad del procedimiento. La resolución que declare la caducidad se notificará al interesado y pondrá fin al procedimiento, sin perjuicio de que la administración pueda acordar la incoación de un nuevo procedimiento en tanto no haya prescrito la infracción. Los procedimientos caducados no interrumpirán el <u>plazo de prescripción</u>.	Plazo de prescripción (no interrupción)	64.2
Carácter subsidiario del procedimiento administrativo sancionador respecto del penal. En los supuestos en que las conductas pudieran ser constitutivas de delito, el órgano administrativo pasará el tanto de culpa a la autoridad judicial o al Ministerio Fiscal y se abstendrá de seguir el procedimiento sancionador mientras la autoridad judicial no dicte sentencia firme o resolución que de otro modo ponga fin al procedimiento penal, o el Ministerio Fiscal no acuerde la improcedencia de iniciar o proseguir las actuaciones en vía penal, quedando hasta entonces interrumpido <u>el plazo de prescripción</u>.	Interrupción plazo de prescripción	65.2)

Anexo I

WEBGRAFÍA

Anexo II
BIBLIOGRAFÍA

AYLLÓN SANTIAGO, Héctor S. y FERNÁNDEZ GONZÁLEZ, Carlos Manuel: *Tratamiento de datos de carácter personal en el ámbito policial*, Madrid, Editorial Reus, 2021.

COLOMER HERNÁNDEZ, Ignacio (Director); OUBIÑA BARBOLLA Sabela y CATALINA BENAVENTE Mª Ángeles (Coordinadoras): *Cesión de datos personales y evidencias entre procesos penales y procedimientos administrativos sancionadores o tributarios*, Aranzadi, 2017.

COLOMER HERNÁNDEZ, Ignacio: «A Propósito de la compleja trasposición de la Directiva 2016/680 relativa al tratamiento de datos personales para fines penales», *Diario La Ley*, núm. 9179, 17 de abril de 2018.

CREMADES LÓPEZ DE TERUEL, Fernando Javier: «La nueva Ley Orgánica de Protección de Datos y el Poder Judicial: un juego de mercaderes en el templo del Reglamento General de la Unión Europea», *Diario La Ley*, núm. 9430, 2019.

DELGADO MARTÍN, Joaquín: «Protección de datos personales en el proceso penal», *Revista de Jurisprudencia*, 15 de marzo de 2019.
  - «La protección de datos personales en el proceso penal: Directiva 2016/680», *Revista de Jurisprudencia*, 15 de febrero de 2019.
  - «Reflexiones sobre la protección de datos personales en la Administración de Justicia», *Diario La Ley*, núm. 9363, 2019.
  - «Protección de datos personales y prueba en el proceso», *Diario La Ley*, núm. 9383, 2019.

DOMINGUEZ PECO, Elena (coordinadora): *La protección de datos en la cooperación policial y judicial*, Editorial Aranzadi 2008.

ESTÉVEZ MENDOZA, Lucana: «Protección de datos personales en las investigaciones penales en la Unión Europea: interacción entre la Directiva (UE) 2016/680 y el Reglamento Europol», *Revista Europea Aranzadi*, núm. 1, 2019.

MARCOS AYJÓN, Miguel: *La protección de datos de carácter personal en la justicia penal*, Barcelona, Bosch, 2020.

PILLADO GONZÁLEZ, Esther: «Difícil equilibrio entre seguridad y salvaguarda del derecho a la protección de datos personales en la prevención, investigación y represión de delitos en la Unión Europea», en *Integración europea y justicia penal* (coordinado por María Isabel GONZÁLEZ CANO), Tirant lo Blanch, 2018, págs. 515-559.

VELASCO NÚÑEZ, Eloy: «Investigación penal y protección de datos», *El cronista del Estado social y democrático de Derecho*, núms. 88-89, 2020.

VILLAR FUENTES, Isabel: «Datos personales al servicio de la investigación y detección de infracciones penales», *Revista general de derecho procesal*, núm. 48, 2019.